CONVOCATION DU BAN

ET DE

L'ARRIÈRE-BAN

DU BAILLIAGE DE LA MONTAGNE OU DE CHATILLON-SUR-SEINE

J. Claye, imprimeur

S. Benoit, 7. à Paris

PROCÈS-VERBAL

DE

CONVOCATION DU BAN

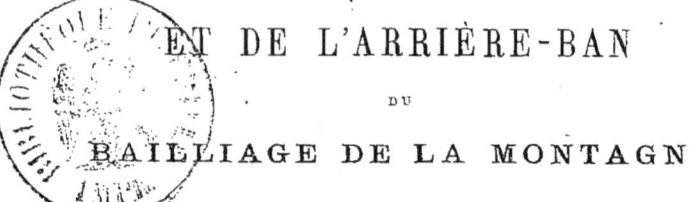

ET DE L'ARRIÈRE-BAN

DU

BAILLIAGE DE LA MONTAGNE

OU DE CHATILLON-SUR-SEINE EN 1568

AVEC UNE INTRODUCTION HISTORIQUE SUR L'ARRIÈRE-BAN

ET DES NOTES SUR LES PRINCIPAUX FIEFS DU CHATILLONNAIS

PAR

JULES D'ARBAUMONT

Secrétaire-Adjoint de la Commission archéologique
de la Côte-d'Or.

PARIS

J.-B. DUMOULIN

LIBRAIRE DE LA SOCIÉTÉ IMPÉRIALE DES ANTIQUAIRES DE FRANCE

13, QUAI DES AUGUSTINS

M DCCC LXIII

1863

PROCÈS-VERBAL

DE CONVOCATION

DU BAN ET DE L'ARRIÈRE-BAN

DU BAILLIAGE DE LA MONTAGNE, EN 1568

> Le vassal, à la semonce de son seigneur, lui doit le service de l'ost en armes et en chevaux. BOUTEILLIER, *Somme rurale*, livre Ier, titre 83.

Les procès-verbaux de convocation du ban et de l'arrière-ban présentent, à divers points de vue, une importance qu'on ne saurait méconnaître. A l'époque où l'on faisait encore des preuves de noblesse, les gentilshommes y puisaient d'utiles renseignements pour établir la possession dans leur famille de fiefs nobles, et pour justifier soit des services rendus, soit des qualifications portées par leurs ancêtres. Aussi le généalogiste Cherin [1] a-t-il soin de comprendre les certificats de service dans l'arrière-ban, parmi les *titres constitutifs* par la représentation desquels la noblesse pouvait se justifier. Encore aujourd'hui, quoique, depuis la loi du 28 mai 1858, les actes de l'état civil soient considérés, à tort ou à raison, comme la base la plus naturelle et le fondement le plus régulier des jugements de rectification et des décisions du conseil du sceau des titres, telle circonstance ne pourrait-elle se présenter où, à défaut d'une preuve plus rigoureuse, mais souvent difficile à fournir, des pièces du genre de celles dont nous parlons seraient utilement pro-

duites et rentreraient alors dans la catégorie de ces *documents historiques*, qu'aux termes du rapport présenté à l'empereur, le 8 janvier 1859, par M. de Royer, garde des sceaux, sur le rétablissement du conseil du sceau des titres, ce conseil est autorisé à *admettre, selon les circonstances, comme justification du droit au titre ou au nom soumis à sa vérification?*

Cette utilité pratique, pour ainsi dire, des procès-verbaux de convocation de l'arrière-ban vaut sans doute la peine d'être signalée; mais elle n'est pas la seule. A une époque où les travaux héraldiques et où les études provinciales reprennent faveur, le généalogiste et l'historien lui-même trouveront dans ces procès-verbaux de précieux détails sur l'histoire des familles et des fiefs. — Un procès-verbal de convocation de l'arrière-ban, c'est en réalité la statistique nobiliaire et féodale d'un bailliage à un moment donné; et l'on peut affirmer que, de la comparaison de certains de ces documents pris, dans une vaste série, à des intervalles réguliers et à des années fixes, doit jaillir une vive lumière capable d'éclaircir d'obscures questions de filiation, d'ajouter au lustre de ces grandes races aristocratiques qui se sont marqué une large place dans notre histoire nationale, et de jeter surtout un nouveau jour sur l'histoire des fiefs, en nous faisant suivre la succession des familles qui les ont possédés, et les changements

---

1. Cherin, *Abrégé chronologique d'Édits, Déclarations, Règlements concernant le fait de noblesse. Discours préliminaire*, p. 30.

1

que le temps et les révolutions ont fait subir à leur constitution, en en modifiant le nombre, les revenus, la valeur et l'importance relatives.

Enfin, si l'on considère la question à un point de vue plus général encore, les procès-verbaux de convocation de l'arrière-ban nous font connaître, par le détail et dans son mode d'application, une institution qui a fait pendant plusieurs siècles la principale ou, pour mieux dire, la seule force de nos armées.

Ce n'est pas remonter trop haut que de chercher l'origine de cette institution jusque dans les forêts de la Germanie, au milieu de ces assemblées de guerriers qui approuvaient, en agitant leurs framées, les belliqueuses résolutions de leurs chefs et, répondant à leur appel, les suivaient dans leurs sanglantes expéditions, n'attendant de leur libéralité après la victoire que *le cheval du combat et le javelot terrible* [1]. — On trouve déjà le mot *bannum* dans Grégoire de Tours [2]. Le *ban,* c'était la proclamation du chef, *bannum,* ou encore *heribannum, herebannum,* le cri, la convocation du roi ou du seigneur qui appelait auprès de lui, pour les grandes expéditions guerrières, ses leudes, ses fidèles, tous ceux qui lui devaient le service militaire. — C'était le lien le plus solide qui pût réunir les diverses fractions du peuple frank campé dans les Gaules. Charlemagne s'efforça de régulariser l'action de cette grande force nationale [3] ; mais la puissante organisation trouvée par son génie devint inutile aux mains de ses faibles successeurs.

Avec l'avénement de la société féodale, le vieux *bannum* des Germains change de caractère, et l'organisation militaire, profondément modifiée, se résume en quelque sorte dans le *droit d'ost et de chevauchée.* Il faudrait un volume pour montrer en dé-

---

1. Tacite, *De moribus Germanorum ,* XI et XIV. — Montesquieu , *De l'Esprit des lois,* livre XXX, chapitre III.

2. Grégoire de Tours, *Histor.* lib. V, cap. XXVII. « Post hæc Chilpericus rex de pauperibus et junioribus ecclesiæ vel basilicæ *bannos* jussit exigi, pro eo quod in exercitu non ambulassent. » — On lit dans Flodoard, chanoine de Reims, ad annum 925 : « Radulphus rex interea de Burgundia revertitur in Franciam, ut se ad bellum contra Normannos præpararet et Francis *banno* denunciat. »

3. *Cap. Caroli Magni :* an. 807; I et II an. 812.

---

tail ce qu'était ce *droit d'ost et de chevauchée;* ce serait raconter la vie militaire de nos ancêtres du Xe au XIVe siècle. Les traits les plus saillants de cette institution sont largement indiqués dans le passage suivant, qu'il suffit à notre dessein de mettre sous les yeux du lecteur : « La convocation du *ban* et de l'*arrière-ban* proprement dits, c'est une institution basée sur la hiérarchie qui s'établit, au Xe siècle, entre tous les possesseurs de fiefs. Les charges du service militaire étaient proportionnées à la fortune de chacun de ceux qui étaient convoqués. Le roi ou le seigneur qui proclamait le ban ou l'arrière-ban tenait compte, sur son rôle, de la fortune mobilière ou immobilière des nobles ou des roturiers [1], qui lui devaient, comme on disait au moyen âge, *l'ost et la chevauchée.* Un chevalier amenait avec lui des écuyers, des pages, des hommes d'armes plus ou moins nombreux, suivant que son fief était plus ou moins grand. De même, les villes étaient obligées de fournir, suivant l'étendue de leur population et de leurs richesses, des corps plus ou moins considérables de soldats qui servaient à pied, comme archers ou comme arbalétriers, dans les armées féodales. Les évêques, chapitres, religieux et clercs qui *tenaient terres en fief* étaient soumis au ban et arrière-ban, et devaient *l'ost et la chevauchée.* Ils n'étaient point forcés d'aller eux-mêmes à la guerre, mais ils se faisaient représenter par leurs tenanciers [2]. Il en

---

1. « Les nobles n'étaient pas seuls appelés sous les armes. D'après le droit féodal, tout non noble, quelle que fût sa condition, devait aider son seigneur à défendre son fief et souvent le fief du suzerain. C'est en vertu de ce principe que l'on vit, dès le XIe siècle, les vilains grossir les armées. Au XIIe siècle, avec les communes naquirent les milices communales commandées par les magistrats municipaux et marchant sous l'étendard de la cité. » *La France sous Philippe le Bel,* par Edgard Boutaric, archiviste aux archives de l'empire, p. 367.

2. Malgré la maxime : *Ecclesia nescit sanguinem ,* on vit de bonne heure des évêques dans les armées des rois franks. — « Fueruntque in hoc prælio Salonius et Sagittarius fratres, atque episcopi, qui non cruce cœlesti muniti, sed galea aut lorica sæculari armati, multos manibus propriis, quod pejus est, interfecisse referuntur. » Grégoire de Tours, lib. IV, cap. XLIII. Charlemagne s'efforça, de concert avec l'Église, de réformer cet abus : voy. les *Capitulaires,* liv. VI et VII. — Quand les ecclésiastiques entrèrent par la possession des terres nobles dans la hiérarchie féodale, ils furent, comme tous les vassaux, tenus du service militaire en-

était de même pour les veuves et les filles mineures qui possédaient des fiefs. Les hommes de leurs terres étaient contraints de servir, sous peine d'amende. Quelquefois on échappait à *l'ost* et à *la chevauchée*, moyennant une somme d'argent. Au reste, tous les cas d'exemption étaient prévus et énumérés dans les instructions que le roi ou le seigneur donnait, souvent par écrit, à ceux qui allaient, dans la ville ou sur les fiefs, proclamer le *ban* et l'*arrière-ban.* »

« La Roque a donné, dans son traité [1], plusieurs rôles fort anciens, où sont inscrits les noms de tous ceux qui doivent au roi le service militaire. L'un de ces rôles fut fait en 1214, à l'époque même où fut livrée la bataille de Bouvines. On voit figurer sur la liste les archevêques, évêques, abbés, ducs, comtes, barons, châtelains et chevaliers bannerets de presque toutes les parties de la France... Quand le roi avait convoqué, par le ban et l'arrière-ban, les plus puissants de ses vassaux, ceux-ci, à leur tour, convoquaient les nobles ou non nobles qui vivaient sur leurs fiefs... Les abbayes, indépendamment des hommes qu'elles donnaient au roi pour les fiefs qu'elles avaient en leur possession, devaient encore le *droit de charroy* [2]... Les villes, après la proclama-

tion du ban et de l'arrière-ban, payaient aussi leur contingent [1]... »

Tel fut, pendant toute la durée du moyen âge, le *droit d'ost et de chevauchée* fondé sur le lien du vasselage dont il était l'une des principales conséquences dans une société toute militaire. Le jurisconsulte Bouteillier en a indiqué la nature et l'essence dans ces quelques mots qui résument la matière, et que nous avons pris pour épigraphe : *Le vassal, à la semonce de son seigneur, lui doit le service de l'ost en armes et en chevaux.*

Le roi Philippe le Bel, cet habile et puissant inaugurateur de la monarchie absolue, a marqué à son coin les réformes opérées sous son règne dans l'organisation militaire. « Le droit du roi d'exiger le service militaire de tout homme noble ou non noble, habitant le royaume, droit qui depuis le huitième siècle n'avait existé qu'en théorie, fut formulé de nouveau et accepté. » — C'est M. Boutaric qui s'exprime ainsi dans son beau livre de *La France sous Philippe le Bel* [2]. Le même auteur fait remarquer dans un autre passage, qu'à l'occasion des guerres de Flandre qui devaient épuiser la France, ce prince « ressuscita ces levées en masse qui avaient cessé d'être en usage depuis Charlemagne; il remit en vigueur le devoir de chacun, noble ou vilain, de concourir à la défense de la patrie menacée, et ordonna à tous ceux qui avaient cent livres en meubles de marcher contre l'ennemi ou de se racheter moyennant une somme qui variait, mais

---

vers leurs suzerains. Le plus souvent ils s'en acquittaient par procureurs; de là l'institution des avoués et des vidames. Plus tard les évêques et les monastères se contentèrent d'envoyer leurs tenanciers à l'ost du roi ou de payer une somme proportionnée à l'importance de leurs fiefs. Au xvie siècle le clergé obtint la dispense du service moyennant une contribution d'hommes et d'argent; cette dispense devint encore plus générale au siècle suivant, l'Église de France s'engageant, par contrat passé avec le roi, à payer une somme fixe pour subvenir aux frais de la guerre. — Néanmoins pendant toute la durée du moyen âge, les ecclésiastiques parurent dans les armées; ils prenaient même souvent une part active à la guerre. Les évêques comtes de Beauvais portaient la cotte d'armes, au sacre du Roi, en souvenir de l'un d'eux, Philippe de Dreux, qui était représenté sur les vitraux de sa cathédrale en surplis avec la cotte d'armes. Guyot, *Répertoire de jurisprudence*, d'après Loysel, *Mémoires sur la ville et l'évêché de Beauvais*. — Ce belliqueux prélat fut emmené prisonnier de guerre en Angleterre, et, à la bataille de Bouvines, il se servait d'une masse d'armes pour se conformer aux préceptes de l'Église qui défend aux clercs de verser le sang.

1. *Traité du ban et arrière-ban, de son origine et de ses convocations anciennes et nouvelles*, par M. de La Roque. Paris, 1676.

2. Les abbés, prieurs, abbesses, chapitres, hospita-

liers, templiers, maîtres de maladreries et autres du duché de Bourgogne étaient tenus de toute ancienneté, quand le duc *mettait suz armée pour ost et pour chevauchié, pour résister à l'entreprinse de ses ennemis et pour la conservation de ses pays, seigneuries et subgets,... envoier à leurs frais, missions et despens*, un certain nombre de *charrettes couvertes, de chariots*, de chevaux et de sommiers, *pour aider à chargier, conduire et mener en ledict ost et armée harnois de guerre, artilleries, vivres et autres choses nécessaires pour icelle armée.* En 1431, les gens d'église ayant voulu se soustraire à cette obligation, le duc Philippe le Bon, par ses lettres données à Dijon le 2me jour d'août de cette année, manda aux gens des comptes de les y contraindre *ou d'accepter si aulcuns d'eulx vouloient composer à aucune gracieuse somme de deniers pour la faulte qu'ils avoient faite et pour racheter leurs dits chariots.* Arch. de la Côte-d'Or, série B, chap. xv, § 2, carton 1.

1. Ph. Le Bas : *Dictionnaire encyclopédique de la France*, tome II, p. 56 et suiv.

2. Page 363.

qui consistait au moins dans le cinquantième des biens [1]. »

Ainsi le même prince qui convoqua, pour la première fois, les représentants des trois ordres de la nation, afin de se faire de leur concours un point d'appui dans sa lutte contre la papauté, celui-là même, par une remarquable coïncidence, fut le premier des rois capétiens qui étendit à tous ses sujets, à toutes les classes de la nation, l'obligation du service militaire, faisant ainsi revivre le *bannum* ou *heribannum* des premiers temps de la monarchie. Il est digne de remarque que le mot *bannum*, qui avait à peu près disparu de la langue depuis le Xe siècle, ressuscita pour ainsi dire en même temps que la chose même qu'il avait autrefois exprimée. Dans les documents de la fin du XIIIe et du commencement du XIVe siècle, on rencontre fréquemment les mots *ban* et *arrière-ban*, presque toujours réunis depuis lors, et dont il est facile de suivre la filiation. *Ban*, c'est presque le vieux mot teutonique; *arrière-ban*, c'est une altération d'*herebannum*, *hereban*, que les scribes du temps, oublieux de cette étymologie germaine, traduisent invariablement par *retrobannum*. — Il est plus difficile de déterminer la valeur exacte de ce mot et de savoir ce qui différenciait le *bannum* du *retrobannum*. Le savant Laurière, dans ses notes sur les *Établissements de saint Louis* [2], émet l'opinion que les nobles seuls étaient soumis au *ban* et que les nobles et les non nobles devaient indistinctement servir à l'arrière-ban. Il nous paraît plus probable que, dans la langue du XIVe siècle, tout au moins, *bannum* s'entendait du droit d'ost, de la convocation des vassaux, de tous ceux qui devaient le service militaire en vertu des coutumes locales, des conventions spéciales de seigneur à tenanciers, ou de la loi des fiefs [3], et que *retrobannum* était une levée en masse ordonnée par le souverain quand la patrie était en danger, quelque chose d'analogue au *tumulte gaulois* des Romains. Cette opinion s'appuie sur des textes nombreux tirés de plusieurs ordonnances de nos rois [4].

Après l'avénement à la couronne de la dynastie des Valois, les documents sur le ban et l'arrière-ban deviennent de plus en plus rares, à mesure que s'implante davantage dans les mœurs militaires de la France le système des armées soldées; c'est le siècle des routiers et des grandes compagnies.

« Quand Charles VII, par ses deux ordonnances sur les compagnies d'ordonnance et sur les francs-archers, eut créé une armée vraiment nationale, et changé le système militaire qui avait prévalu en France pendant toute la durée du moyen âge, les mots *ban* et *arrière-ban* eurent une signification différente de celle qu'ils avaient auparavant : ils ne désignèrent plus que la levée en masse de la noblesse et des possesseurs de fiefs, levée à laquelle on recourait encore quand l'armée permanente était jugée ne pouvoir suffire aux besoins du moment. La convocation du ban et de l'arrière-ban était auparavant l'unique moyen de recruter les armées; elle devint alors une ressource pour les circonstances extraordinaires. Toutefois, Charles VII ne voulut point que ce service fût irrégulier comme par le passé. Il imposa des règlements aux compagnies nobles qu'il créa [1]. Il rendit uniformes les habillements

---

1. Page 25.

2. *Ordonnance des Roys de France de la troisième race*, tome Ier, p. 152, note *a*.

3. *Ord.*, t. III, p. xviij.

4. « Cum homines nostri dicti Ducatus servitia ab ipsis

debita, ratione nostri exercitus, vel alias, nobis persolverint, a suis subtenentibus nihil poterimus vendicare, salvo jure nostro in casu *retrobanni*. » 19 mars 1314, Lettres de Louis X confirmant les priviléges des peuples de Normandie. *Ord.*, t. I, p. 552. — « Quod illi nobiles, aut innobiles, qui nobis et nostris successoribus in guerris et exercitibus nostris certa debent servitia, ipsis servitiis persolutis, liberi remaneant, et immunes, nec ulterius per nos, aut nostros successores possint cogi inviti ad alia servitia exercitus nobis facienda, nisi in casu in quo *retrobanum*, ex causâ imminenti rationabiliter fieri opporteret. » Semblables lettres de confirmation antérieures au 22 juillet 1315. *Ord.*, t. I, p. 588. — « ... Nisi in casu *retrobanni*, in quo casu *quilibet in regno nostro* tenetur, dum tamen hoc de mandato nostro per totum regnum nostrum generaliter fiat. » 17 mai 1315. *Ord.*, t. I, p. 569. — « Que *les gens desdites villes*, ne les *subgiez desdits Nobles*, ne seront contraints à aller *en nostre ost* durant le temps de nostredite imposition, si ce n'est à cause *d'arrière-ban*, fait à bonne et juste cause, sans faintise. » Mars 1350. *Ord.*, t. II, p. 394. — « Nous leur avons permis (aux gens des trois états de la langue d'oïl) et accordé que desores — mais nuls ne puisse faire *arrière-ban* en nostre royaume, fors tant seulement nous en nostre personne et nostre ainsné filz, et yceluy ne pourrons faire fors seulement *en cas de pure et évidente nécessité*. » 28 décembre 1355. *Ord.*, t. III, p. 34.

1. *Ord.*, t. XIV, p. 350 et suiv.

et les armures ; et les possesseurs de fiefs, aussi bien que les archers des villes et des campagnes, furent soumis à une discipline sévère. — Charles VII convoqua fort rarement l'arrière-ban ; mais Louis XI en fit un fréquent usage [1], et ce fut un des griefs portés sur le cahier de la noblesse, dans les états généraux qui eurent lieu sous Charles VIII [2]. »

Au xvie siècle le service du ban et de l'arrière-ban fut réorganisé et rendu uniforme dans tout le royaume [3]. Cette modification apportée à l'ancienne constitution des armées féodales fut la dernière ; et l'on peut, à partir de cette époque, appliquer intégrale-

ment au ban et à l'arrière-ban la définition qu'en donnait le jurisconsulte Guyot, à la veille de la Révolution : « C'est, disait-il, l'assemblée des vassaux et arrière-vassaux (*et des nobles*) [1], convoqués par le souverain pour marcher contre l'ennemi lorsque le service de l'État l'exige [2]. » — Le droit du souverain de convoquer l'arrière-ban, toujours subsistant en principe, n'avait plus été exercé depuis les dernières années du règne de Louis XIV.

Notre dessein n'est pas de résumer dans une sorte de synthèse les diverses ordonnances qui ont réorganisé, au xvie siècle, le service de l'arrière-ban ; le procès-verbal que nous publions nous fournira l'occasion de rapporter successivement les dispositions les plus importantes de ces ordonnances ; c'est le meilleur commentaire qu'on en puisse donner. — Ce procès-verbal est tiré des archives du département de la Côte-d'Or, série B, chapitre XV, § 2, carton 3. — Nous l'avons choisi, comme un des plus complets et des plus intéressants, au milieu d'un grand nombre de pièces de même nature qui forment une précieuse collection pour la période des guerres civiles et religieuses du xvie siècle. Le but que nous nous proposons en donnant ce document au public sera atteint, s'il peut servir à éclairer un petit coin de l'histoire nobiliaire, féodale et militaire de notre patrie.

---

1. L'antagoniste malheureux de Louis XI, Charles le Téméraire, eut aussi recours au service d'ost que lui devaient ses vassaux. En 1471 il mit sur pied une armée de douze cents lances, dans laquelle il ordonna de recevoir tous ceux qui voudraient y entrer, *aussi bien ceux qui tenaient fiefs et arrière-fiefs que tous autres gens de guerre*, portent les lettres patentes datées d'Abbeville, le 29 juin de cette année. Cette fusion dans un même corps d'armée des vassaux et des enrôlés volontaires est digne de remarque. « Toutefois, ceulx qui tiennent fiefs ou arrière-fiefs de nous, et qui seront de nostredite ordonnance, auront charge d'entretenir habillemens *pour la desserte de leurs fiefs...* et si est nostre intencion de faire paier et entretenir les gens de guerre de nostre dite ordonnance bien et souffisamment ainsi que en tel cas appartient. » *Arch. de la Côte-d'Or,* registres de la Chambre des comptes, B 16, fol. 218.— Les tenans fiefs et arrière-fiefs servant dans cette armée devaient prêter serment d'*entretenir les habillements* et de *faire service à cause de leurs fiefs* en la manière qui devait être plus tard ordonnée, nonobstant qu'ils fussent de l'*ordonnance devant dite, loc. cit.,* fol. 231 et suiv. — On trouve au même registre une ordonnance de 1468 également relative au service de l'arrière-ban.

2. Ph. Le Bas, *Dictionnaire encyclopédique de la France.*

3. Lettres patentes, ordonnances, édits, règlements des rois François Ier et Henri II, des 12 février 1533, 3 janvier 1543, 23 mai 1545, 9 février 1547, 20 septembre 1551, 25 et 26 février et 21 juin 1553, 23 janvier 1554, 16 janvier 1557, et la grande ordonnance de Blois, 1579, art. 316 à 320. — Fontanon, *Les edicts et ordonnances des Roys de France,* 2e édition, t. III, p. 888 et suiv. — Isambert, *Recueil général des anciennes lois françaises,* t. XII, p. 384 et 846 ; t. XIII, p. 40 et 332, et t. XIV, p. 450.

1. *Et des nobles ;* il faut ajouter ces mots à la définition de Guyot ; en effet, quoique les possesseurs de fiefs, nobles ou roturiers indistinctement, fussent seuls tenus, en principe, du service essentiellement féodal de l'arrière-ban, l'usage était aussi de convoquer les nobles non possesseurs de fiefs ; La Roque en donne ce singulier motif que la valeur naturelle des nobles leur pouvait donner l'espoir d'acquérir, par la guerre, quelque fief ou principauté comme au temps, sans doute, des Tancrède et des Godefroy de Bouillon. — N'a-t-on pas dit, de nos jours, que chaque soldat porte dans sa giberne le bâton de maréchal ?

2. Guyot, *Répertoire de jurisprudence.*

Léonard de Chaulmont, Chevalier, Seigneur d'Egully, Baron de Chassenay, Conseiller du Roy, et son Bailly de la Montaigne [1],

à tous ceulx qui verront ces présentes, salut. Sçavoir faisons que le troiziesme jour du mois d'octobre mil cinq cens soixante

1. Le bailliage de la Montagne, ou Châtillonais, était l'un des cinq grands bailliages du duché de Bourgo-

gne. — Sous la seconde race de nos rois, l'assemblée des militaires se faisait par les *missi dominici* ou *legati*

huict, environ l'heure de midy, à Chastillon-sur-Seine, siége principal du bailliage de la Montaigne, en l'auditoire royal dudict lieu, ont esté appelez devant nous en présence des lieutenant, advocat et procureur du Roy audict bailliage à tour de roolle les subjectz au ban et arriereban à raison des fiedz et tenementz nobles qu'ilz tiennent et possedent en et soubz le ressort d'icelluy bailliage de la Montaigne, en ensuyvant ce que le Roy en auroit ordonné par ses lettres données à Saint-Maur, le septiesme septembre mil cinq cens soixante huict, signées : Charles, et plus bas : de Laubespine, lesdictes lettres receues le vingt septiesme dudict moys de septembre à l'entrée de la nuict et publyées le landemain audict Chastillon et depuys es aultres lieux et endroictz d'icelluy bailliage esquels on a accoustumé d'ancienneté de faire semblables publications, si comme il nous a apparu de l'acte sur ce en faict et expédyé, et pource que ledict bailliage est de grande extendue et que tous les subjectz audict ban et arriere-ban n'ont peu estre si soubdain advertis de

ladicte publication, de l'advis desdictz lieutenant, advocat et procureur du Roy, a esté dict que contre les défaillantz et non comparantz deffault sera donné, saufz quinzaine à laquelle nous representerons en ce lieu pour, s'ilz comparent, estre receuz et relevez du deffault et leur estre enjoinct et ordonné ce qu'ilz auront affaire pour le service du Roy; quoy suyvant le dix septiesme dudict mois d'octobre nous sommes de rechiefz representez à semblable heure de midy audict auditoire royal en présence desdictz lieutenant, advocat et procureur du Roy, où de nouveau avons faict appeler lesdictz subjectz au ban et arriereban, et contre eulx ordonné, dict et déclairé ce qu'il se treuvera estre contenu en chacung des articles esquelz sont inscriptz et declaires les noms, surnoms et seigneuryes des dictz subjectz [1].

Premièrement :

Exempt. — MA DAME LA CONNESTABLE [2] et

---

regales envoyés dans les provinces. La Roque, chap. XIV. Au moyen âge, quand le baron convoquait ses hommes coutumiers, soit pour répondre à l'appel du Roi, soit pour guerroyer pour son propre compte, le prévôt les amenait *el cüer du chastel. Établissements de saint Louis,* liv. I, chap. LXI, — La convocation du ban du roi était faite par les *bannerets, vexillarii.* En 1413, Charles VII défendit à toute personne de se mettre sous les armes sans ordre du roi ou du connétable. De très-bonne heure les lettres de convocation furent adressées aux baillis et sénéchaux qui les faisaient publier dans l'étendue de leur ressort et assistaient à la *montre* des vassaux. Édit du 3 janvier 1543, art. 1er. — Quand le bailli était de qualité requise, c'est-à-dire de robe courte, il devait conduire et commander lui-même, comme chef naturel de la noblesse de son ressort, les gens du ban et de l'arrière-ban; à son défaut, il était remplacé par un capitaine choisi parmi les gentilshommes du bailliage, et nommé d'abord par les gouverneurs de province ou par le roi, plus tard par les gentilshommes eux-mêmes. Ordonnance du 9 février 1547, art. 3. — Sous le capitaine, il y avait, dans chaque compagnie, un lieutenant, un enseigne, un guidon, un maréchal des logis, un fourrier, etc. La charge de capitaine général de l'arrière-ban, supprimée par Henri III, en 1579, puis rétablie, cessa définitivement d'être remplie au commencement du XVIe siècle. — Les compagnies de l'arrière-ban étaient composées, au moyen âge, de cavaliers et de fantassins; l'ordonnance du 9 février 1547 décida que le service se ferait dorénavant par gens de cheval, *pour ce que la noblesse française de son naturel est plus propre pour servir aux armes à cheval qu'à pied.*

1. Les rôles ou états des personnes sujettes à l'arrière-ban et de leurs fiefs étaient assez régulièrement dressés soit par les officiers du roi, soit par ceux du seigneur. — « Les baillyz envoyeront par escript dans le xxe jour de ce present mois les noms et surnoms de tous ceulx qui tiennent fied, arrierefied, franc-aleu, ou veuillent vivre noblement chacun en leur bailliage. » *Ordonnance du duc de Bourgogne,* de juillet 1468. B. 16. *Arch. de la Côte-d'Or.* — On trouve au carton 1er de l'arrière-ban, un très-curieux *État et recherche de tous les fiefs, arrière-fiefs et frank-alleus et noms des seigneurs qui les possèdent dans les bailliages d'Autun, Mont-Cenis, Bourbon-Lancy et Semur en Brionnais, avec le nombre d'hommes d'armes que chacun doit fournir au duc pour l'arrière-ban, ces recherches faites en vertu de commission du Bailly desdits bailliages, 18 août 1474.* — L'art. 10 d'un arrêt du conseil du 12 février 1533 portait : « Ordonne ledit seigneur que d'oresenavant par chacun an sera fait monstre de ban et arrière-ban, et que chacun sera tenu d'y comparoir en personne en l'estat qu'il est obligé pour le devoir de son fief. » Cette obligation d'une revue annuelle, onéreuse pour les possesseurs de fiefs, ne tarda pas à tomber en désuétude; mais il était de règle que, lors de chaque convocation de l'arrière-ban, les officiers de robe longue, tenus à peine de privation de leurs charges d'assister aux premières montres, devaient faire dresser un rôle contenant les noms, soit de ceux qui avaient paru à la montre, soit de ceux qui remplaçaient les inhabiles, les exempts et les défaillants. Il était fait mention dans ce rôle de la demeure des vassaux, des noms de leurs fiefs, du nombre des fiefs saisis, des sommes payées par les roturiers et autres ayant des rentes inféodées; enfin le rôle était signé par les baillis ou sénéchaux, capitaines, commissaires, contrôleurs de l'arrière-ban, avocats et procureurs du roi. Un extrait en était envoyé au roi. Guyot : *Rép. de Jurisprudence.*

2. Madeleine de Savoie, veuve du célèbre conné-

Messieurs ses enffantz pour leur seigneurye de Bissey les Pierres, Esporves et Vauginnoys [1].

Defrettes a remonstré qu'il est procureur de ladicte Dame tant en sa seigneurye de Nesles que Bissey et Esporves, pour laquelle il se presentoit et requeroit estre dict qu'elle et Messieurs ses enffantz sont exemptz de faire service ou contribution en deniers audict ban et arriereban, pource que, en ce que touche ladicte Dame, elle doibt jouyr des privilleiges de feu Monsr le Connestable son mary qui notoirement en estoit exempt, et en ce qui touche Messieurs ses enffantz qui sont Messieurs les Mareschaultx de Montmorancy, Danville et les Seigneurs de Meru, Thorey [2], ilz en sont aussy à cause

table Anne de Montmorency. Le P. Anselme : *Histoire généalogique des Pairs de France.*

1. Bissey-les-Pierres ou la Pierre, commune du canton de Laignes, arrondissement de Châtillon, seigneurie partagée entre plusieurs seigneurs, relevant en toute justice de la seigneurie puis marquisat de Larrey, sous le titre de simple seigneurie; appartenant en partie aux Montmorency dès l'année 1527. *Arch. de la Côte-d'Or. Chambre des Comptes, Fiefs de la Montagne.* — En 1666, elle appartenait pour les trois quarts au prince de Condé, pour le reste au sieur Lesnet. *Recueil général des procès-verbaux des déclarations des biens et des dettes des communautés de la généralité de Dijon faits en 1666, par devant M. l'intendant Bouchu. Arch. de la Côte-d'Or.* — Nous citerons souvent cette déclaration de 1666.

Esporves, où il n'y a plus depuis longtemps qu'une forge, dépendait de Chamesson, canton de Châtillon, et relevait directement du roi; a appartenu aux familles de Neelles (1307), de Foissy (1538), de Montmorency (1568), de Mesgrigny (1655), Bruslart (1682), de Vichy (1766). — La date qui suit un nom de famille n'est pas nécessairement celle de l'acquisition ou de l'investiture du fief, mais elle correspond à une époque où le fief était certainement possédé par la famille.

Vauguimois, hameau dépendant de Villaine en Duesmois, cant. de Baigneux-les-Juifs, arrond. de Châtillon, relevait en toute justice de la seigneurie de Savoisy, située au bailliage d'Auxois; la seigneurie de Vauguimois avait été distraite en 1362, par lettres du roi Jean, du ressort du bailliage de la Montagne et unie à celui du bailliage d'Auxois, attendu que toute la terre de Geoffroy de Charny, son possesseur, était de ce dernier bailliage. *Arch. de la Côte-d'Or, Recueil Peincedé;* t. XXV, p. 304. — On voit néanmoins, malgré que cette terre fût de la mouvance d'un fief du bailliage d'Auxois, que le seigneur devait le service de l'arrière-ban dans le bailliage de la Montagne. Cette terre a appartenu aux de Charny (xive siècle), Rolin (1473), de Montmorency (1568), Fyot (1603), Baudry.

2. 1º François, duc de Montmorency, pair, grand maître, maréchal de France, etc. — 2º Henri, duc de Montmorency après son frère, pair et connétable de France, connu dans l'histoire sous le nom de Damville. — 3º Charles de Montmorency, plus tard duc de Damville, pair et grand amiral de France. — 4º Guillaume

de leurs charges et estatz notoirement exemptz [1].

Le procureur du Roy a dict que ledict Defrettes n'a charge ne pouvoir de remonstrer ce que dessus, et que lesdictes Dame et Messieurs ses enffantz ont deu faire comparoir pour eulx à la présente assemblée pour les exoiner ou remonstrer ce qu'ilz voudroient estre pour eux remonstré, pourquoy et que aulcune déclaration n'auroit par eulx estée baillée de la valleur de leurs fiefz et seigneuryes desdictz lieux de Bissey, Esporves et Vauginnoys ny par ceulx qui avant eulx les ont tenues et possédées, demandoit deffault et saisye.

Surquoy ledict deffault a esté octroyé et déclairé qu'à la quinzaine seroit ordonné sur la saisye requise par ledict procureur ce que de raison.

Et depuys a esté dict que ladicte saisye sera differée et ny sera pour le présent ordonné, soubz considération des remonstrances dudict Defrettes.

Contribue en deniers. — MADAME DE LA ROCHESURYON [2] comme héritière et ayant droict du feu Seigneur de la Rochepot, pour sa seigneurye de Charancey [3] en val-

de Montmorency, cinquième fils d'Anne, seigneur de Thoré et colonel général de la cavalerie légère de Piémont. *Hist. gén. des Pairs de France.*

1. Les officiers domestiques et commensaux de la maison du roi, au premier rang desquels figuraient les grands officiers de la couronne, étaient exempts de l'arrière-ban; on comprenait aussi sous ce nom : les membres du conseil privé, les maîtres des requêtes ordinaires de l'hôtel, les notaires et secrétaires du roi. Déclaration du 16 janvier 1557.

2. Lisez Rocheguyon. Anne de Laval, dame d'Aquigny et de La Rochepot, fille de Gui, comte de Laval, de Montfort et de Quentin et d'Anne de Montmorency; veuve de Louis de Silly, seigneur de La Rocheguyon, baron de Louvois, etc. *Dictionnaire historique* de Moreri, art. *Silly.*

3. Charancey, com. du cant. de Vitteaux, arr. de Semur. En 1291, Étienne de Mont-Saint-Jean tient la seigneurie de Charancey moitié en franc-alleu, moitié relevant du fief de Philippe de Vienne; aux xive et xve siècles, les familles de Charancey (1366), d'Aignay (1372), de Cortiamble (1418), de Nuis (1485), tiennent en fief à Charancey successivement ou simultanément. Depuis le xvie siècle la seigneurie réunie appartient aux familles de Montmorency (1531), de Silly, de Montfaucon (1566), Desbarres (1577), de Mongey (1669), de Frasans (1729), Vestu de Saint-Denis (1730), de Thesut (1768). — D'après la *Déclaration de 1666,* cette terre relevait en toute justice de la baronnie de Châteauneuf dont elle était un ancien démembrement. Néanmoins, les reprises de fief s'en faisaient à la chambre des comptes de Dijon, et dès l'année 1473, Marguerite

leur de revenu annuel de cinq à six cenlz. livres.

Deffault a esté octroyé au procureur du Roy contre ladicte Dame avec saisye [1] de sa seigneurye de Charancey, saufz si elle compare à quinzaine elle sera relevée dudict deffault, aultrement et à faulte de ce faire elle contribuera en deniers, selon qu'il luy sera ordonné, et représentera la déclaration

de Cortiamble tenait en fief du duc le village et la terre de Charencey. *Recueil Peincedé*, *passim*, et surtout t. VIII, *Fiefs de la Montagne*.

1. Les mots *bannum* et *heribannum* s'entendaient par extension de l'amende dont était frappé, chez les Franks, l'homme libre qui refusait le service militaire. C'est même en ce sens que le mot *bannum* est employé par Grégoire de Tours dans un passage cité plus haut. Cette amende était de 60 sous. « Si quis legibus in utilitatem regis sive in hostem sive in aliquam utilitatem *bannitus* fuerit et minime impleverit, si ægritudo eum non detinuerit, *sexaginta solidis* multetur. » *Loi des Ripuaires*, tit. LXV, 1 (an. 630). Une semblable disposition se trouvait dans la Loi des Lombards, liv. I, tit. XIV, c. 13 ; elle a été renouvelée par Charlemagne : « Quicunque liber homo in hostem *bannitus* fuerit, et venire contempserit, *plenum heribannum*, id est solidos sexaginta, persolvat. » *Cap.* II, an. 812, cap. I. — Quant au bénéficier qui refusait le service militaire, il était dépouillé de son bénéfice : « Quicumque ex eis qui beneficium principis habent, parem suum contra hostes communes in exercitum pergentem dimiserit, et cum eo ire aut stare noluerit, honorem suum et beneficium perdat. » *Cap.* ibid., cap. v. De même au moyen âge le vassal défaillant voyait son fief confisqué. *Feud.*, *lib.* II, tit. LV, § *Firmiter*. Philippe-Auguste, au dire de Mathieu Pâris (ad an. 1213), ordonna de considérer les défaillants comme coupables du crime de lèse-majesté ou de félonie, ce qui entraînait la confiscation ou commise du fief. La Roque, chap. XVI. — Pour comprendre la rigueur de cette pénalité, il faut se rappeler que la société féodale tout entière reposait sur le lien du vasselage, dont le service militaire était une des plus rigoureuses conséquences. Au surplus, cette rigueur reçut des adoucissements. En 1274, Philippe le Hardi convertit la confiscation en une amende. La Roque, *loc. cit.* Une constitution de l'empereur Henri II fixait cette amende à la moitié de la valeur du fief. *Feud. lib.* V, tit. II. — A la vérité, on trouve depuis lors de nombreuses dispositions qui prononcent la confiscation. Dans un mandement du 24 août 1457, Philippe le Bon, duc de Bourgogne, ordonne à ses baillis de Bourgogne, Charolais, Mâconnais et Auxerrois, de convoquer ses *fiefvez et arrièrefiefvez* pour marcher contre les Liégeois à peine de *forfaire* envers lui leurs fiefs et arrière-fiefs. De même la confiscation du fief est prononcée par les art. 1 de l'Ord. du 9 fév. 1547, 277 de l'Ord. de Blois, 2 de la déclaration de 1635, 1 et 4 de celle de 1639, etc., etc. Mais ce n'étaient là que des dispositions purement comminatoires; en fait la confiscation ou commise se changeait en une simple saisie féodale qui affectait les revenus du fief au profit du roi jusqu'au payement intégral de l'amende. Les défaillants étaient aussi dégradés du privilége de noblesse.

de la valleur de sadicte seigneurye de Charancey en revenu annuel.

° Et depuys, à faulte de s'estre représentée au dixseptiesme dudict moys d'octobre, jour de ladicte quinzaine [1], a esté dict que lesdictz deffault et saisye tiendront et que ladicte dame contribuera deniers à la concurrence et valleur de son fief et les fournira ès mains du recepveur commis à ce [2], à quoy faire et souffrir elle sera contraincte comme pour les propres deniers et affaires du Roy. — XXXVI. ltz. v. stz.

Exempt. — HAULT ET PUISSANT PRINCE MESSIRE LOYS DE BOURBON, Duc de Montpensier [3], Seigneur usufructuaire de la terre et seigneurye d'Aisey le Duc, pour sa seigneurye dudict Aisey [4].

Le procureur du Roy a remonstré que ladicte seigneurye d'Aisey a esté réunie au domaine du Roy et admodiée au proffict de Sa Majesté, avec ce de son domaine qui est assiz soubz le ressort d'icelluy bailliage de la Montaigne, pourquoy a esté dict que ledict Seigneur Duc demeure déchargé pour ce regard de ce en quoy il estoit tenu pour raison de ladicte seigneurye.

Exempt. — MESSIRE LOYS DE LA FAYETTE, Chevalier de l'ordre du Roy, cappitaine de cinquante hommes d'armes de ses ordonnances, Seigneur et Baron d'Arc en Barroys, pour sa seigneurye dudict Arc et des choses qui en dépendent [5].

1. Depuis 1566 la dame de La Rocheguyon ne possédait plus la seigneurie de Charencey; cette mutation de propriété était sans doute ignorée du procureur du roi au bailliage de la Montagne.

2. Nous verrons plus loin ce qu'était la contribution en deniers, et nous ferons connaître le mode de perception et l'emploi de ces deniers.

3. Louis de Bourbon, deuxième du nom, duc de Montpensier, surnommé le Bon, né le 10 juin 1513, mort le 23 décembre 1582.

4. Aisey-le-Duc, comm. du cant. de Châtillon. C'était une châtellenie royale, relevant du roi en la justice du même lieu; Aisey a donné son nom à d'anciens seigneurs; réuni au domaine ducal au commencement du XIIIe siècle, il fut depuis successivement engagé à Jean Paul, l'un des gentilshommes de l'hôtel de Louis XI (1477), aux familles de Longuay (1504), de Montpensier (1538), d'Orléans (1697), de La Feuillée (1697), de Montmain (1725), de Saulx, de Guérin (1756). *Rec. Peincedé.*

5. Arc-en-Barrois, chef-lieu de cant., arr. de Chaumont, Haute-Marne. Cette ancienne et importante baronnie a appartenu aux familles de Bar-sur-Aube (XIe siècle), de Broyes-Châteauvillain (XIIe, XIIIe et XIVe siècles), de Bourgogne-Montagu (fin du XIVe siècle), de Vienne (1391), de Bourgogné-Duché (1467), de Hochberg (1479), de Vienne (1507), de La Fayette

Pasquier a remonstré que ledict Seigneur de la Fayette est notoirement exempt de service personnel et contribution en deniers, mesme pource qu'il est cappitaine de cinquante hommes d'armes, appellé avec sa compaignye au service du Roy, ainsy qu'il a apparu des lettres de Sa Majesté, naguières publyées en ce bailliaige, par lesquelles lettres il est dict que luy et sa compaignye, ensemble les aultres qui y sont déclairées, se treuveront à Orléans dedans le temps aussy y déclairé.

Le procureur du Roy a dict que ledict Pasquier n'avoit charge de remonstrer ce que dessus, ou s'il en avoit en debvoit faire apparoir, pourquoy demandoit deffault et saisye, nonobstant les remonstrances dudict Pasquier.

Ledict Pasquier a dict qu'il est procureur dudict Seigneur de La Fayette et, comme tel, il est receu journellemeut ès causes que ledict Seigneur a en plusieurs instances à cause de sadicte seigneurye d'Arc oudict bailliaige de la Montaïgne; aussy il a lettres de procuration pour ce faire, desquelles lettres il a faict plusieurs foys production en jugement en présence des officiers du Roy.

Surquoy a esté dict que deffault est octroyé contre ledict Seigneur de la Fayette saufz quinzaine, dedans laquelle ledict Pasquier fera apparoir de sa charge.

Et depuys le dixseptiesme jour dudict mois de septembre, jour de ladicte quinzaine, ledict Pasquier a percisté à ses remonstrances cy dessus; surquoy a esté dict qu'il sera de nous ordonné ce que de raison.

Et depuys a esté dict que comme il est notoire que ledict Seigneur de la Fayette est Chevalier de l'ordre et cappitaine de cinquante hommes d'armes en ses ordonnances actuellement employé, qu'il demeure pour le présent pour exempt [1].

(1537), par le mariage de Louis de La Fayette avec Anne de Vienne, fille unique de François de Vienne, seigneur de Listenois; de Beaufremont-Vienne (fin du XVIe siècle), de L'Hôpital-Vitry (1622), de Morstein (1679), de Bourbon-Toulouse et Penthièvre (1700). Arc était une mouvance de la tour de Châtillon-sur-Seine; cette terre a été érigée en marquisat au XVIe siècle pour Antoine de Beaufremont, puis réunie au comté de Châteauvillain sous titre de duché-pairie, érigé en 1650 pour le duc de Vitry, fils du célèbre maréchal, confirmé en 1703. Jolibois, *La Haute-Marne ancienne et moderne*, p. 29. — *Rec. Peincedé.*

1. Les chevaliers de Saint-Michel et plus tard ceux

Exempt. — HAULT ET PUISSANT SEIGNEUR MESSIRE GASPARD DE SAULX, Seigneur de Tavannes[1], Chevalier de l'ordre du Roy, cappitaine de cinquante hommes d'armes en ses ordonnances, lieutenant pour Sa Majesté en Bourgoingne en l'absence de Monseigneur le Duc d'Aumalle, gouverneur, pour ses seigneuryes de Vesvres et Prangey [2].

Pasquier a remonstré que ledict Seigneur de Tavannes est, à cause de ses charges et estatz, notoirement exempt, joinct qu'il est notoire qu'il est employé au service du Roy.

A esté dict qu'il est déclairé exempt.

Exempt. — HAULTE ET PUISSANTE DAME ET PRINCESSE MADAME ANTOINETTE DE BOURBON, Duchesse douairière de Guyse, Dame de Marac, pour sa seigneurye dudict Marac[3] et de ce qui en dépend assiz audict bailliaige de la Montaigne. — Exempte.

— HAULT ET PUISSANT PRINCE MESSIRE LOYS DE BOURBON, Prince de Condey, Seigneur de Villeines, Saumaize et des choses qui en dépendent, pour ses seigneuryes desdicts lieux [4].

du Saint-Esprit étaient exempts du ban et de l'arrièreban. Voy. l'art. 67 des statuts de l'ordre du Saint-Esprit.

1. C'est l'illustre maréchal de Tavannes.

2. Prangey, comm. du cant. de Longeau (Haute-Marne), et Vesvres, hameau dépendant de la même commune, ont été possédés par les familles de Prangey (XIIIe et XIVe siècles), de Baudoncourt (1387), de Saulx (1422), Begat (1548), de Clermont (1549), de Saulx (1554), Jacquot pour moitié (1558), de Saulx pour le tout (1559), Pietrequin (1695.) La seigneurie de Prangey relevait en toute justice du château de Grancey; néanmoins, depuis le XVIe siècle toutes les reprises de fief en étaient portées à la chambre des comptes de Dijon. *Rec. Peincedé.* Jolibois, *La Haute-Marne*, p. 444.

3. Marac, comm. du cant. de Langres (Haute-Marne). Ce village, qui relevait d'Arc-en-Barrois, était situé partie en Bourgogne, partie en Champagne; les seigneurs champenois ont été: les de Marac (XIIIe siècle), de Chauffour (XIVe siècle), Desbarres (XVIIe siècle), Pietrequin de Prangey (1746). La partie bourguignonne a été possédée par un grand nombre de familles, entre autres les de Bricon (1230), des Goz, de Blaisey (1366), de Chauffour (XIVe siècle), de Vauldrey (1473), de Bourbon (1568), d'Armagnac (1666), de La Feuillade (XVIIe siècle), d'Escots (1780). *Rec. Peincedé.* Jolibois, p. 347.

4. Villaines-en-Duesmois, comm. du cant. de Baigneux-les-Juifs, arr. de Châtillon. Châtellenie royale relevant du roi en toute justice. Ce village a donné son nom à d'anciens seigneurs au XIIIe siècle. Acquis par le duc Hugues IV en 1252, il fut donné par Louis XI au marquis d'Hochberg en 1481, d'où à la maison de Longueville; réunie au domaine en 1691, la seigneurie fut revendue en 1698 à la famille Baudry.

Salmaise, comm. du cant. de Flavigny, arr. de

Deffault est contre luy octroyé avec saisye.

Exempt. — MESSIRE JEHAN DE CHATELET,[1] Chevalier, Seigneur de Thon, lieutenant de la compaignye de Monsr. le Conte de Vaudemont, pour ses seigneuries de Rochetaillée[2], de valleur de revenu annuel de cent livres, Chameroys, Cirenay et Bricons[3], de valleur aussi de revenu annuel de

Semur. Châtellenie relevant du roi sous titre de comté. Cette terre a été possédée par les maisons de Salmaise (x^e et xie siècles), d'Auxois-Vergy, de Mont-Saint-Jean (xiiie siècle) ; réunie au domaine ducal en 1331, elle appartenait en 1473 à Antoine Dubois. Elle fut depuis donnée avec Villaines au marquis d'Hochberg, possédée par ses descendants jusqu'en 1691, démembrée, puis remise aux Tavannes, et enfin aux de Guérin-Lugeac (1757). Courtépée, *Description générale et particulière du duché de Bourgogne*, 2e édit., tome IV, p. 238 et 233. — *Rec. Peincedé.*

1. Il faut lire : du Chatelet, de l'illustre maison du Chatelet en Lorraine. — Fils de Hue du Chatelet et de Guillemette d'Amoncourt. Lachesnaie des Bois, *Dict. de la Noblesse*, t. IV, p. 325.

2. Rochetaillée, comm. du cant. d'Auberive (Haute-Marne). Cette ancienne baronnie, partie en Bourgogne, partie en Champagne, a été possédée par les familles de Rochetaillée (xiie et xiiie siècles), d'Arboz (1366), de Roussillon (1473), de Rochebaron (1495), du Chatelet (1568), encore de Rochebaron, d'Aumont (1623), Leclerc de Vodonne (1753), de La Coste (1769). Relevait en toute justice de la tour d'Arc-en-Barrois.

3. Chameroys, comm. du cant. d'Auberive, ancien apanage de la maison de Chateauvillain, placé plus tard dans la mouvance du château d'Arc-en-Barrois, réuni au xve siècle à la baronnie de Rochetaillée. Les familles de Montfaulcon (1289) et de Roy (1473) y ont tenu en fief.

Crenay, comm. du cant. de Chaumont ; autrefois partie Bourgogne, partie Champagne, relevant d'Arc en toute justice. Cette terre a été possédée par les familles de Roy, en partie (1391), de Brixey, id. (1409), de Roussillon, de Choiseul-Lanques, de St-Seigne, simultanément, en 1473 ; puis unie à la baronnie de Rochetaillée ; acquise séparément en 1759 par les Perrin de Neuilly.

En 1560, Claire de Choiseul, veuve de Geoffroy de Rochebaron, reprit de fief de la baronnie de Rochetaillée à la chambre des comptes de Dijon, *par main souveraine*, à cause de la contestation de la mouvance entre l'évêque de Langres, le baron de Grancey et le seigneur d'Arc-en-Barrois. — La mouvance de Rochetaillée semble être restée litigieuse jusqu'à la Révolution ; il est certain du moins qu'elle l'était encore en 1666, et que les reprises de fief de cette seigneurie ont toujours été faites depuis 1560 à la chambre des comptes de Dijon. Il était de la politique de la royauté de laisser indécises ces questions de mouvance, de perpétuer ces *combats de fiefs*, comme on disait alors, qui lui permettaient d'étendre sur les seigneurs cette *main souveraine* qui ne fut brisée qu'avec la féodalité elle-même. Voy. sur le *combat de fief*, Pothier, *Traité des fiefs*, chap. Ier, dernier article.

Bricon, comm. du cant. de Chateauvillain (Haute-

huict vingtz livres, par la déclaration qui en a esté baillée en l'an cinq cents quarante[1] par feu Messire Philibert de Rochebaron, à son vivant Chevalier, Seigneur desdicts lieux.

Pasquier a remonstré que ledict Sr de Thon doibt estre déclairé exempt à cause de ses charges et estatz, comme ayant, à ce qu'il a dict, charge de ce remonstrer.

Le procureur du Roy a dict que ledict Seigneur de Thon est notoirement lieutenant de la compaignye dudict Seigneur Conte de Vaudemont et, comme tel, a tenu garnison en ce lieu de Chastillon et y a faict monstre ces dernières années, se remectant à nous de y ordonner.

A esté dict qu'à quinzaine déclairerons ce que de raison, advenue laquelle quinzaine, a esté dict qu'il demeure pour le présent pour exempt, attendu qu'il est lieutenant de la compaignye de Monsieur le Conte de Vaudemont.

Exempt. — MESSIRE JACQUES DE THOULONJON, dict de Vienne[2], Chevalier de l'ordre du Roy, Seigneur et Baron de Ruffey, Commarrien, etc., ou nom et comme mary et espoux de Dame Charlotte de Thoulonjon

Marne). Cette terre, qui relevait en toute justice d'Arc-en-Barrois, sous titre de simple seigneurie, a donné son nom à d'anciens seigneurs (xiie, xiiie et xive siècles) ; puis elle a été possédée en partie par la maison de Chateauvillain (xive siècle) ; en même temps plusieurs familles y tenaient en fief, savoir : lès d'Arboz, d'Ossey, d'Avoul, de Viviers en 1391, de St-Seigne, de Marnay, de Bouse, de Livron, en 1473. Puis viennent les Roussillon, Rochebaron, du Chatelet, de Chatenay, ceux-ci au xviie siècle, les Esbaudy (1780). — *Rec. Peincedé.* Jolibois, p. 463, 106, 171, 90.

1. Mandement du roi François Ier du 15 octobre 1539. Pour obvier aux inconvénients résultant du mauvais état dans lequel se présentent les personnes tenues au ban et arrière-ban, et veiller à ce que chacun ne soit pas plus chargé que son compatriote, le roi donne ordre aux possesseurs de fiefs et arrière-fiefs de donner dans trois mois déclaration authentique de ces fiefs, de leurs revenus, de leurs services et des démembrements qui ont eu lieu. — Mandement du même roi du 16 avril 1540, qui ordonne aux possesseurs de fiefs et arrière-fiefs d'en faire la déclaration aux bailliages. *Archives municipales de Dijon*, A 7, carton 3, cotes 6 et 6 bis.

2. Jacques de Vienne, baron de Commarin, Ruffey et St-Aubin, fils de François de Vienne et de Guillemette de Luxembourg, né en 1536 et mort sans laisser de postérité de Charlotte de Clermont, dame de Toulongeon, fille de Claude, comte de Toulongeon, qui l'institua son héritière, à condition de porter son nom et ses armes. Moreri, *Dict. hist.*, art. VIENNE.

son espouze, Dame de Larrey, Poinson, Cerilly et Bissey les Pierres en partye [1], en valeur de revenu annuel, par la déclaration en baillée, par feue ma Dame Jeanne de Thoulonjon son ayeulle, de mil livres.

Jouvenot a remonstré, comme procureur dudict Seigneur, que la demeurance d'iceluy Seigneur est Suili, le ressort du bailliaige de Dijon où il estime qu'il aura comparu comme estant le siége qu'il a peu et deu choisir par les édictz et ordonnances du Roy au faict de son ban et arrièreban [2]. A aussy remonstré que ledict Seigneur est Chevalier de l'ordre, Gentilhomme ordinaire de la chambre, servant actuellement, et davantaige qu'il s'achemine à Orléans pour

1. Larrey, comm. du cant. de Laignes, arr. de Châtillon; cette ancienne seigneurie a été possédée par les familles de Larrey (xiie siècle), de Grancey (1214), de Toulongeon (1470), érigée en marquisat en 1650, sous le nom de Fabert, en faveur du maréchal Fabert, titre confirmé en faveur de Pierre Lenet, conseiller d'État, sous le nom de Lenet (1661); possédée depuis 1690 par les Bourbon-Condé. Relevait directement du roi.

Poinçon-lez-Larrey, comm. du cant. de Laignes. Cette seigneurie relevait du roi en toute justice; elle était divisée en deux parties, l'une appartenant à l'abbaye de Notre-Dame de Châtillon, anciennement aux Templiers, l'autre ayant toujours été possédée par les seigneurs de Larrey.

Cerilly, comm. du cant. de Laignes; relevait du seigneur de Larrey en fief, en toute justice dudit seigneur; au xive siècle, les de Choiseul, Guastelier, de Grancey, etc., etc., ont tenu en fief à Cerilly; depuis le xve siècle, cette terre a toujours été réunie à Larrey.

Bissey-la-Pierre. Nous avons déjà rencontré le nom de ce village à l'article de la connétable de Montmorency. — La partie de cette seigneurie possédée au xvie siècle par les Toulongeon et toujours réunie depuis lors à la terre de Larrey avait appartenu aux familles d'Arboz (xive siècle), de Saigney (1365), de Brullart (1491), de Toulongeon (1539). Les autres parties de la seigneurie ont été possédées par les de Bissey (1195), de Blaisy (1365), de Chauvirey (id.), de Chalus (1406), de La Perrière (id.), Pot (1464), Poinssot (id.), de Montmorency, venant des Pot (1539), de Bourbon-Condé (1666). Au xviie siècle, les Condé avaient réuni toute la seigneurie. Le marquisat de Larrey comprenait : Larrey, Poinçon, Cerilly et Bissey. Rec. Peincedé. Courtépée, tome IV, p. 273, 291, 249.

2. Les gentilshommes qui avaient des fiefs dans plusieurs bailliages devaient le service personnel dans celui de leur principale demeure, en tel équipage qu'ils étaient tenus, eu égard à la valeur de tous leurs fiefs; ne servant pas en personne, ils contribuaient dans tous les bailliages où leurs fiefs étaient assis. Quant aux roturiers, ils contribuaient dans tous les bailliages, encore qu'ils servissent non en personne. Édit du 3 janvier 1543, art. 2; règlement du 23 mai 1545, art. 5; ordonnance du 9 février 1547, art. 21; règlement du 30 juillet 1635, art. 6.

faire service en l'armée ordonnée de Sa Majesté, si que soubz ces considérations il doibt estre déclaré exempt.

A esté donné et octroyé deffault contre ledict Seigneur de Ruffey, et néantmoings déclaré que sur les remonstrances dudict Jouvenot sera ordonné ce que de raison à quinzaine.

Et depuys le dixseptiesme d'octobre, jour de ladicte quinzaine, Faule Massnart. procureur et recepveur dudict Seigneur en sa seignorye de Larrey, a comparu et remonstré que ledict Seigneur de Thoulonjon est Chevalier de l'ordre du Roy et Gentilhomme ordinaire de la chambre, qu'il s'achemine au service de Sa Majesté en armes pour y faire debvoir; pourquoy il doibt estre exempté, offrant, luy baillant delay compectant, de fournir de certification comme il sera audict service; surquoy a esté dict qu'il sera ordonné ce que de raison.

Attendu ce que dessus et qu'il est notoire qu'il est Chevalier de l'ordre, il a esté déclaré pour le présent exempt soubz le bon vouloir du Roy.

Exempt. — MESSIRE ANTHOINE DE CHANDIO, Chevalier de l'ordre du Roy, Seigneur de Baron de Bussy et Origny, pour ses seigneuryes dudict Bussy [1], de valeur annuel, par la déclaration qu'il en a baillée, de six centz livres, et d'Origny [2] aussi de valeur annuel par sa déclaration de quatre centz livres.

Me Claude Champeaul, advocat audict bailliaige, a remonstré que ledict Seigneur de Chandio est plus que sexagénaire, con-

1. Bussy-le-Grand, comm. du cant. de Flavigny, arr. de Semur; cette ancienne baronnie, avec titre de comté depuis le xviie siècle, a été possédée par les familles de Bussy (xiie-xive siècles), d'Étampes (1370), de Rochefort (1473), de Chandio (xvie siècle), de Rabutin (1602), Dagonneau (1733). Le château de Bussy-le-Grand a été illustré par le célèbre Bussy-Rabutin; il appartient aujourd'hui à M. le comte de Sarcus. — Rec. Peincedé. Courtépée, t. IV, p. 256.

2. Origny, comm. du cant. d'Aignay-le-Duc, arr. de Châtillon. Plusieurs familles ont possédé en fief à Origny, savoir : les de Bellenoud, de Mypont, de Bremur, de la Poloye, de Fontenay, de Recey, au xive siècle; de Lantage, Arnault, de Bournonville, de Sarcey au xve siècle; depuis 1473, la seigneurie a appartenu aux de Chandio, puis aux Régnier (1551), de Giellan (1555), de Chandio (1556), Milet, pour moitié (1567), d'Anglure, Brigandet (1598), Bourgeois de Crespy, du Châtelet-Lomont (1689), de Damas-Crux (1780). Origny était une ancienne baronnie, relevant directement du roi. Rec. Peincedé. Courtépée, t. IV, p. 282.

séquamment incapable à porter les armes et
néantmoings, comme il a esté affectionné au
service de Sa Majesté, que durant les trou-
bles passez il a employé audict service deux
ses enffantz [1] avec bien grandz fraiz, de sorte
que, soubz ceste considération, Monsr de
Tavannes, lieutenant de sadicte Majesté en
Bourgoingne en l'absence de Monseigneur
le Duc d'Aumalle, gouverneur, auroit voulu,
dict, ordonné et déclairé qu'il seroit
exempté de service personnel et contribution audict ban et arrière ban, ce encores qu'il
requiert estre de nous ordonné soubz offre
qu'il faict de faire apparoir qu'il em-
ploye sesdictz enffantz au service de sadicte
Majesté en la présente année, n'estant rai-
sonnable qu'il soyt tenu à faire aultre contribution en deniers, joinct à ce qu'il est
Chevalier de l'ordre et que ceulx qui le sont
de mesme que luy, ont esté déclairés exemptz
à Chaumont soubz Vitry et ailleurs, est pour
monstrer que ledict Seigneur est de si
bonne volonté qu'il veult tout ce qu'il pourra
pour le service de sadicte Majesté, offre, si
on ne veult avoir esgard à tout ce que dessus, de faire service personnel si on le veult
à ce recepvoir, nonobstant son bien grand
aaige, ou de contribuer en deniers, tant pour
lesdictes seigneuryes de Bussy et Origny que
pour Crespan qui est du ressort du bailliage de Sens et qui vault, de revenu annuel, cent livres.

A esté dict qu'il y sera ordonné à quinzaine ce que de raison.

Et depuys a esté déclairé pour le présent
exempt soubz le bon vouloir du Roy.

Exempt. — MESSIRE GUILLAUME DE CHA-
TENAY, Chevalier de l'ordre du Roy, Seigneur d'Échallot et Lochères [2], de valeur de

revenu annuel de deux centz livres, Billy [1],
de valleur aussi de revenu annuel de douze
livres, et Giscey [2] de vingt livres.

Siredey a remonstré que ledict Seigneur
de Chatenay est Chevalier de l'ordre qui,
comme tel, doibt estre declairé exempt de
faire service personnel au ban et arriereban
dudict bailliaige pour les seigneuryes que
dessus, joinct que le Seigneur de Mauvilly,
son filz, faict service au Roy en ce lieu de
Chastillon, comme gouverneur, qu'il y a
esté estably et au bailliaige de la Montaigne,
lequel Seigneur de Mauvilly a la disposition
desdictes seigneuryes en main, pource que
ledict Sieur de Chatenay est de bien grand
caige, et maintient que les Chevaliers de
l'ordre ont esté en vertu des privilleiges

---

cle d'Argenteuil. Échalot et Lochères, hameau qui en
dépend et a toujours été réuni à la seigneurie, rele-
vaient en toute justice de la Chambre des comptes de
Dijon. — *Déclaration de 1666. Rec. Peincedé.*

1. Billy, comm. du cant. de Baigneux-les-Juifs, seigneurie en toute justice dont les reprises se sont faites
tantôt à la Chambre des comptes, tantôt au comté de
Saumaise. Du xiiie au xive siècle, elle a été possédée en
partie par les de Billy. Au xive siècle, les ducs de
Bourgogne en possédaient une partie avec justice sur
le tout ; le reste, sous le titre de franc-aleu, passa à
différents seigneurs parmi lesquels on remarque les
du Chaignoy, de Romprey, de Saint-Antost ; en 1332,
les du Four, Dambielle, de Vaubusin, etc., etc. ; les de
Chartres (1391), de Prunay (1403), de Chauffour (1415),
de Chissey (id.). En 1387, Arvier de Billy vendit au
duc tout ce qu'il possédait dans ce village ; cette partie
devenue domaniale, fut réunie au comté de Saumaise
et engagée avec lui aux Dubois, d'Hocberg, d'Orléans, etc., etc., acquise par les Charpy qui, en 1741,
la réunirent à la partie patrimoniale ; celle-ci était
partagée, en 1473, entre les de Longuay, de Vaudrey,
de Mailly, de La Beaume, Poinsot. Au xvie siècle, on
trouve les de Longuay, de Vingles (1539), Brigandet,
qui réunirent toutes les parties, les Porcherot ; puis les
de Souvert (1666), Trouvé (1694), Languet (1695), de
Lamare (1706), Charpy (1738), Mairetet de Thorey
(1764). — *Rec. Peincedé.* Courtépée, p. 248.

2. Gissey-sous-Flavigny, comm. du cant. de Flavigny. Cette seigneurie relevait en partie du comté domanial de Saumaise, comme il résulte d'une enquête
de 1510, en partie de Saffres. Elle a été pendant longtemps partagée entre un grand nombre de seigneurs,
parmi lesquels nous citerons : les de Gissey (xie-
xive siècle), de Vartes (1365), de Saigney, de Sanvigne, de Marchisuy, de Vaubusin, de Verrey ; en 1372,
les de Revel, de Gissey, de Villers, de Jaucourt, de
Roiffey, de Melisy, d'Estrabonne, de La Tournelle, de
Champlemis, d'Athées, Duncey, Chastain, de Montoz,
puis les de Thenissey, d'Ostun (1388), de Ronchaut
(1404), d'Achaz (id.), de Dracey (1405), de Mauvilly
(1406), Damas (1414), des Baugies, de Champlemis, de
Charmoilles, de Sauvigne, d'Athées, de Nanteuil, en
1450 ; les de Vaudrey, Poinsot, de Vielchâtel, de Lu-

---

1. Les vassaux dont les enfants non mariés servaient
dans les troupes, étaient exempts du ban et arrière-ban.
Règlement du 17 janvier, art. 3, 1639.—En outre, le fils
pouvait servir pour le père et réciproquement, quand
tous les deux ne devaient pas le service personnel
séparément et pour leur propre compte. Déclaration
du 16 janvier 1557, art. 1.

2. Échalot, comm. du cant. d'Aignay-le-Duc, arr. de
Châtillon. Cette terre a donné son nom à d'anciens
seigneurs, du xiie au xive siècle. Depuis, la seigneurie
presque toujours divisée en plusieurs portions, a été
possédée par les familles de Chauffour (1366), du Breul
(1548), de L'Aubespine, de Chatenay (1553), Rémond
pour moitié (1714), Le Bascle d'Argenteuil pour moitié,
venant des Rémond (1755), Mairetet, pour partie
(1758) ; depuis lors partagée entre les de Chatenay, de
Chatenay de Romprey, Mairetet de Thorey et Le Bas-

dudict ordre exemptés des aultres bailliaiges, ce qu'il a maintenu debvoir estre faict.

A esté dict qu'il y sera ordonné ce que de raison à quinzaine.

Et depuys le dixseptiesme jour dudict moys d'octobre, jour de ladicte quinzaine, a esté dict que ledict de Chatenay contribuera en deniers selon la valleur de ses seigneuryes, saufz, s'il faict apparoir d'exemption, d'en ordonner comme de raison.

Et depuys, Siredey a remonstré pour ledict de Chatenay qu'il doibt estre exempt, tant à cause qu'il est Chevalier de l'ordre que Gentilhomme de la chambre, couché en l'estat et actuellement payé, comme il a offert faire apparoir par certificat du thrésorier de la charge, veu lequel certificat qui demeure au greffe de ceste court, a esté declairé exempt, icelluy certificat donné à Paris le xxxe d'octobre mil cinq cens LXVIII, signé à la fin : le Jars [1].

Exempt. — MESSIRE JOACHIN DE CHATENAY, Chevalier, Seigneur de Mauvilly [2], d'Eschallot, Lochères, Billy et Giscey en partie.

gny, de Blaisy ; en 1568, les de Chatenay, de Clugny, de Brazey ; des Brazey, la partie relevant de Saumaise a passé aux de Cercey, Desbarres, Berbis, de Gissey (1653), de Chatenay (1731) ; l'autre partie a appartenu aux de Badier (1666), Jouard de Gissey (1689). La seigneurie de Gissey était en toute justice. — *Nota.* Il en est de même de toutes les seigneuries dont nous donnons la notice, quand le contraire n'est pas indiqué. — *Rec. Peincedé.* Courtépée, p. 272.

1. Étaient exempts de l'arrière-ban : 1o les officiers domestiques et commensaux de la maison du roi et de celle de la reine, en certifiant, par certificat du trésorier de ces maisons, qu'ils étaient employés sur les états et payés de leurs gages ; 2o les capitaines et hommes d'armes des compagnies d'ordonnance et des chevau-légers et les autres officiers en charge dans les troupes à pied ou à cheval, en rapportant certificat des contrôleurs ordinaires des guerres, et en affirmant qu'ils n'avaient pas été cassés et étaient encore au service. La production de faux certificats était punie de la confiscation du corps et des biens. Guyot, *Rép. de jurisprudence;* art. 4 de l'édit du 3 janvier 1543 ; 7 du règlement du 23 mai 1545 ; 23 et 24 de l'ordonnance du 9 février 1547 ; 19 et 20 du règlement du 25 février 1558 ; 7 de celui du 23 janvier 1554 ; 15 de celui du 30 juillet 1635.

2. Mauvilly, comm. du cant. d'Aignay-le-Duc. Seigneurie, anciennement baronnie, relevant directement du roi, vendue par Jean de Darney au duc de Bourgogne en 1313, donnée en 1328 à Geoffroy de Blaisy, puis possédée par les f.e Mairet (1473), de Chatillon, en partie (xvie siècle), de Foissy (id.), de Rambert (id.), de Livron (id.), de Chatenay, pour le tout (1549), de Villers-la-Faye (1633), de Messey (1655), Belot de Vilette, Febvre de Gurgy (1756). *Rec. Peincedé.* Courtépée, p. 278.

Siredey a remonstré que ledict Seigneur de Mauvilly doibt estre declaré exempt de service personnel et contribution en deniers audict ban et arriereban, pource que ledict Seigneur de Mauvilly a du Roy le gouvernement de ceste ville de Chastillon et du bailliaige de la Montaigne, où il convient qu'il face le debvoir de sa charge.

A esté dict, veues les lettres patentes du Roy, contenantz le pouvoir donné audict Seigneur de Mauvilly, pour commander audict Chastillon et bailliaige de la Montaigne, qu'il demeure en ce que le touche exempt à cause de ses seigneuryes suz declairées.

Exempt. — JACQUES DE FOISSY, Seigneur de Chamesson, Gresigny et Thoire en partye [1], pour ses seigneuries desdictz lieux, de valleur de revenu annuel, y comprins ce qu'il a acquis audict Gresigny du Seigneur

1. Chamesson, comm. du cant. de Châtillon ; relevant directement du roi, a appartenu aux familles de Chamesson (xiiie et xive siècle), de Villers-les-Haut, en partie (1391), de Foissy (1419), de Mesgrigny (1655), Bruslard (1682), de Luynes, de Vichy-Chamrond (1764). — *Rec. Peincedé.* Courtépée, p. 258.

Gresigny-sous-Alise, comm. du cant. de Flavigny. Après avoir donné son nom à d'anciens seigneurs (xie-xive siècle) ; cette terre a été partagée. Parmi les familles qui ont possédé des portions de la seigneurie on remarque, au xive siècle : les de Mignot (1332), de Pontaillier, de Blaisy (1353), de Saffres (1360), d'Aichey (1361), de Chatoillenot (1365), de Mairey, d'Aligney, de Vaux, de Tornerre, de Marnay, de Bar (1366), de Courlon (1372) ; au xve siècle, on trouve, outre plusieurs des familles précédentes, les d'Ocle (1404), de Senoilly (id.), de Tarnay (1473), de Cleron-Saffres (1499) ; au xvie siècle les de Rambert, de Chatillon, de Chatenay, de Foissy ; de Montsaulnin de Montal (1610), Coutier de Souhey, pour le tout (1643), de Damas-Crux (1740), Routy (1766). Quelques seigneurs de Gresigny reprenaient de fief à Saffres, les autres à Saumaise. En 1642, François Coutier, marquis de Souhey, obtint des lettres de souffrance pour reprendre de fief en la Chambre des comptes, des seigneuries de Munois et de Gresigny, dont il ignorait la mouvance. Depuis lors, les reprises se sont toujours faites à la Chambre des comptes. — *Rec. Peincedé.*

Thoires, comm. du cant. de Montigny-sur-Aube, arr. de Châtillon. Anciens seigneurs de ce nom (xiie et xiiie siècle). En 1222, la duchesse Alix de Bourgogne donne les fiefs de Toyre et d'Autricourt à Ponce de Mont-Saint-Jean, à condition qu'elle et son fils les reprendront à leur volonté ; puis on trouve la seigneurie possédée, pour partie, par les familles de Foissy (1473), de Montigny, Bonnot de Lantage (1495), de Maleret, Montclery ou Montcleret, de Blondefontaine (1530) ; au xvie siècle, les Remond, de Gastelier (1647) ; en 1666 de Foissy et de Gastelier. En 1690, les Remond réunirent toute la seigneurie ; puis vinrent les Mairotet de Thorey (1758) et les Le Bascle d'Argenteuil (1778). Relevait directement du roi. — *Rec. Peincedé.*

de Thenissey, de six centz livres, par la declaration qu'il en a baillée.

Jouvenot a remonstré que ledict Seigneur est fort vieil et valétudinaire, de sorte qu'il est excusable de faire service personnel, comme aussi de contribuer en deniers, pource qu'il a eu tousjours des guerres passées, comme encores il a à présent trois ses enffantz au service du Roy, lesquelz il entretient à ses fraiz et despens audict service.

A esté dict qu'à quinzaine sera ordonné sur les remonstrances susdictes ce que de raison.

Et le deuxiesme jour du mois de novembre oudict an mil cinq cens soixante huict, ledict de Foissy a produict lettres de Monsᵣ filz et frère du Roy, données à Amboise le quatriesme octobre mil cinq cens soixante huict, signées : Henry, et plus bas : Sarrod, scellées en cire rouge, aux armes dudict Sᵣ, par lesquelles il certiffie que Jean, Robert et Anthoine de Foissy, enffantz dudict Jacques de Foissy, sont au camp et armée qu'il conduict pour le service du Roy, en équippaige suffisant pour faire service au Roy, ordonnant que ledict Jacques de Foissy, leur père, sera exempté du ban et arriereban, pendant le temps du service de ses dictz enffantz, dont acte luy a esté octroyé.

Exempt. — MESSIRE FRICAULD DE JOYEUSE [1], Chevalier, comme ayant la garde noble de ses enffantz, à luy demeurés du décez et trespas de sa feue femme Dame d'Ampilly et Massingey [2], de valleur de revenu annuel de cinq à six centz livres.

L'advocat Champeaul a remonstré que ledict Sᵣ de Joyeuse, Conte de Grandprey, réside soubz le ressort du bailliaige de..... ou Vermandois, où il estime qu'il faict le debvoir auquel les fiefz l'obligent envers le Roy, l'ordre duquel, à ce qu'il a esté adverty, ledict Sᵣ de Joyeuse a depuys naguieres receu ; pourquoy en vertu du privileige dudict ordre, il doibt estre déclairé exempt.

Deffault nonobstant les remonstrances dudict Champeaul a esté donné et octroyé contre ledict de Joyeuse, avec saisye desdictes seigneuryes d'Ampilly et Massingey, saulz s'il se représente à quinzaine en personne ou par procureur speciallement fondé, d'ordonner ce que de droict et raison, sur les remonstrances dudict Champeaul.

Et depuys, asscavoir le dixseptiesme d'icelluy moys d'octobre, jour de ladicte quinzaine, a esté dict que lesdictz deffault et saisye tiendront, pour ne s'estre ledict de Joyeuse représenté en personne ou par procureur.

Et le vingtiesme dudict mois d'octobre, ledict Champeaul a remonstré que ledict de Joyeuse est Chevalier de l'ordre du Roy, pourquoy il doibt estre exempté du service et contribution audict ban et arriereban, selon qu'il a esté exempté au bailliaige de Vitry, soubz le ressort du bailliaige duquel lieu il réside, et dont il a faict apparoir par acte à luy surce expedyé, comme aussy il a faict apparoir par coppies qu'il a dict avoir esté collationnées à l'original, comme Monsᵣ le Duc de Buillon, gouverneur de Normandie, luy a baillé ledict ordre, et comme il l'a receu et faict le serment au cas requis.

A esté dict qu'il demeure pour le présent exempt, soubz le bon vouloir du Roy.

Exempt. — *Nᵃ qu'à la fin du présent compte ceste partye se trouve chargée de soixante-dix livres.* — WALERAND DANGLURE, Seigneur d'Aultricourt, pour sa seigneurye dudict Aultricourt [1], de valleur de

---

1. Foucault de Joyeuse, comte de Grandpré, guidon de la compagnie d'ordonnance du seigneur de Jametz, enseigne de celle du duc d'Anjou, épousa, en août 1547, Anne d'Anglure, fille unique de Claude, seigneur de Jours et de Françoise de Dinteville. — *Dict. hist.* de Moreri, art. JOYEUSE.

2. Ampilly-le-Sec, comm. du cant. de Châtillon. Cette seigneurie, relevant directement du roi, a anciennement appartenu à la maison de Joinville (1264); en 1360, Pierre de Landiras obtint mainlevée de la terre d'Ampilly, qui avait été confisquée en 1339 sur son père, lequel avait pris le parti des Anglais. Des Landiras une moitié de la seigneurie d'Ampilly a passé aux de Rochefort, de Méel, par alliance (1372), de Rochefort (xvᵉ siècle), de Pontaillier-Talmay (1509), d'Anglure (1538), de Joyeuse (1568), de Valpergne, de Sommyèvre (1577). L'autre moitié a appartenu aux de Pommart (1372), de Chandio (1485), Baudot (1507), de Lantage (1510), Desbarres (1523), réunie par les d'Anglure en 1538. *Rec. Peincedé.* Courtépée, p. 240.

Massingey, comm. du cant. de Châtillon. Cette seigneurie relevait directement du roi. Elle était divisée

en deux parties, comme celle d'Ampilly, et a appartenu pendant longtemps aux mêmes seigneurs; vendue par les Sommyèvre aux de Gastelier en 1681, elle passa depuis aux du Meix (1709) et aux Vaillant de Savoisy (1720). *Rec. Peincedé.*

1. Autricourt-sur-Ource, comm. du cant. de Montigny-sur-Aube. En 1222, Alix de Bourgogne cède Autricourt à Ponce de Mont-Saint-Jean (voy. l'art. de Thoires). En 1299, Guillemette d'Octricourt, femme de Guillaume de Vanlay, vend au duc Robert II ce qu'elle tenait de lui en fief à Autricourt et la mou-

revenu annuel par la déclaration de feu Salladin Danglure, son père, de quatre centz livres.

Deffault et saisye est octroyée à l'encontre dudict Danglure, saufz quinzaine.

Et depuys, pource qu'il ne s'est representé à ladicte quinzaine, a esté dict que lesdictz deffault et saisye tiendront et qu'il contribuera en deniers, lesquelz il sera tenu fournir es mains du recepvreur commis à ce, à quoy faire et souffrir il sera contrainct comme pour les propres deniers et affaires du Roy.

Et le vingtseptiesme jour dudict moys d'octobre, Defrettes a remonstré que ledict Sr Danglure estoit Gentilhomme ordinaire de la maison de Monsr, frère du Roy, qui avoit faict le serment ordonné de Sa Majesté es mains de Monsr Despaux, Chevalier de l'ordre, lieutenant au gouvernement de Champaigne, en l'absence de Monseigneur le Duc de Guyse, gouverneur, si comme il offroit faire apparoir promptement, de quoy acte par luy requis luy a esté octroyé.

Et depuys, ledict certificat veu, duquel il a esté dict que la coppie demeureroit au greffe de ceste court, a esté dict qu'il contribuera en deniers, attendu qu'il ne contient aultre chose, synon qu'il a faict le serment ordonné du Roy.

Et pource que depuys Monseigneur le Duc d'Aumalle, Pair de France, lieutenant general du Roy en Bourgoingne, Champaigne, Brye, Lorraine et pays Metsin, a certiffié ledict S^r d'Aultricourt avoir esté de luy retenu pour faire service à Sa Majesté, si comme il appert de sa certification donnée à Bousy le xxixe d'octobre 1568, signée : Claude, et plus bas: Hotman, a esté déclairé pour le présent exempt.

Exempt. — JEHAN DE LANTAIGES, Seigneur de Belaon[1] et Thoires en partye, de valleur de revenu annuel, par la déclaration en baillée par feu Jacques de Lantaige, son ayeul paternel, de mil livres.

Defrettes a remonstré que ledict de Lantaige est Gentilhomme ordinaire de la chambre du Roy, actuellement servant, et qu'encores aujourd'huy il est employé au service de Sa Majesté, soubz la charge et conduicte de Monseigneur le Duc de Guyse.

A esté dict, veue la certification dudict Seigneur Duc de Guyse, que ledict de Lantaige est à sa suytte pour le service du Roy, que ledict de Lantaige est exempt.

Contribue en deniers. — DAME YSABEAU DE JOYEUSE, vesve et relicte de feu Messire Claude Danglure, à son vivant Chevalier de l'ordre du Roy, Seigneur de Jours, cappitaine et colonnel des légions de Bourgoingne, Champaigne et Nivernoys, tant en son nom que comme ayant la garde noble de ses enffantz du corps dudict Danglure, pour les seigneuryes de Jours[1] et de Recey[2],

---

tier, et femme de Guy de Tré-Chatel, vend au duc Robert II tout ce qu'elle tenait de lui dans ce village et la mouvance de la forteresse qui était tenue en arrière-fief par Simon de Balaon. En 1337, le duc cède à Jean de Chateauvillain tout ce qu'il possédait à Balaon, en échange de la châtellenie de Brémur. De la famille de Chateauvillain, la seigneurie de Belan passa, par alliance, aux de Ray (1372). Ceux-ci réunirent la forteresse de Balaon en 1451, par suite du mariage d'un membre de cette famille avec Hugotte de Frolois, veuve de Thomas de La Rochelle, lequel l'avait acquise de l'ancienne famille de Balaon, entre 1403 et 1407. En 1407, N. de Gemeaux était seigneur en partie de Belan. Des de Ray, cette terre passa aux Bonnot de Lantage (1505), Legrand (1611), de Lantage, par retrait lignager (1619), de Lenoncourt, Dauvet des Marets (1666), d'Herbouville, Lebrun de Dinteville (1720). Relevait directement du roi. — *Rec. Peincedé.*

1. Jours, comm. du cant. de Baigneux-les-Juifs. Jadis baronnie aux Brancion, qui vendirent au duc en 1259; puis aliénée; Guyot, seigneur de Jours en 1330; les de Musey (1352), de Drées (1382), d'Anglure (xve et xvie siècle), de Foissy (1588) de Corbie d'Anglure (1646), du Chatelet (1652), Espiard (1718), Legrand de Sainte-Colombe (1743), Dumouchet (1785). Relevait directement du roi. Les d'Anglure rebâtirent le château de Jours : on y voyait la tour de *Joyeuse*, construite par Claude d'Anglure au nom de sa femme Isabeau de Joyeuse. — *Rec. Peincedé.* Courtépée, p. 27.

2. Recey-sur-Ource, chef-lieu de canton, arr. de Châtillon. Recey a donné son nom à d'anciens seigneurs (xiie et xiiie siècle). En 1186, Guillaume de Recey et Hue de Neshèles étaient coseigneurs; Guillaume de Recey en 1315, Ancel de Dommartin en 1327, puis on trouve les de Grancey, de Saigny, de Drée (1391), d'Arboz (1398), de Dommartin (1401), de Beaufremont (1445); ceux-ci possédaient la partie de la seigneurie dite *de Jours*, laquelle passa, par alliance, aux d'An-

---

vance de plusieurs arrière-fiefs au même lieu, venant de la succession de Joffroy d'Octricourt, son frère. Emonin du Meix devint propriétaire de ces biens par retrait d'héritage, et en 1302, le sire de Charni, de qui il tenait la maison d'Autricourt, lui commanda d'entrer en la foi du duc. Des du Meix, cette terre passa par alliance aux de Courtivron (1360), de Maisoncomte, pour partie (1391), de Rupt, pour le tout (1396), d'Anglure (1555), de Ligneville (1666), Lemoyne (1699), de Vallois-Mursay (1718), de Crillon (1784), de Gaucourt (1785). Relevait directement du roi. La famille d'Autricourt possédait encore en 1403 un arrière-fief dans ce village. *Rec. Peincedé.*

1. Belan-sur-Ource, comm. du cant. de Montigny-sur-Aube. En 1287, Isabelle de Rochefort, fille de Gau-

de valleur de revenu annuel de cinq à six centz livres par la déclaration en baillée dudict Danglure.

Siredey ou nom et comme procureur de ladicte Dame a remonstré que ledict feu Sr de Jours, à cause de ses charges et estatz, avoit esté tousjours tenu exempt du service du ban et arrièreban, pourquoy comme sa vesve elle doibt jouyr de son privilleige et exemption, ce qu'elle a requis estre de nous dict et déclairé.

A esté dict que nonobstant les remonstrances dudict Siredey, deffault est octroyé contre ladicte Dame de Jours avec saisye, saufz quinzaine.

Depuys, sçavoir est le dixhuictiesme d'octobre, heure de midy, Philippes Roidot, soy disant procureur et recepveur de ladicte Dame au lieu de Recey, s'est représenté devant nous en présence desdictz advocat et procureur du Roy, et nous a dict qu'il avoit envoyé jusques à Montbelyart pour advertir ladicte Dame de la convocation et assemblée dudict ban et arriereban, de laquelle il attendoit responce par messaige qu'il y avoit envoyé, requerant estre de nous dict et ordonné que la saisye contre elle déclairée sursoyera, jusques à tel temps qu'il nous plairra arbitrer.

Surquoy le procureur du Roy ouy, a esté dict que la saisye tiendra[1], et que ladicte Dame contribuera en deniers, selon la valleur de ses seigneuryes. — LXX ltz.

Contribue en deniers. — BERNABÉ DE GERLAN, Seigneur de Thenissey, pour ses seigneuryes dudict Thenissey[2], de valleur de

revenu annuel, par sa déclaration en baillée, de trois cent livres, Rochefort, Essaroy, Le Puiset et Beaulieu[1], de valleur aussy de revenu annuel de trois centz livres.

Deffault a esté octroyé contre ledict de Gerlan avec saisye de ses seigneuryes soubz la main du Roy, saufz quinzaine.

Et pource qu'il ne s'est representé au dixseptiesme d'octobre jour de ladicte quinzaine, a esté dict que lesditz deffault et saisye tiendront, et qu'il sera tenu et contrainct comme pour les propres deniers et affaires du Roy contribuer et fournir deniers ès mains du recepveur commis à ce. — LXX ltz.

Exempt. — DENYS DE BRAZEY, Escuyer, Seigneur de Gissey en partie, pour sa seigneurye dudict Gissey[2], de valeur de revenu annuel, par la déclaration qu'il en a baillée, de deux cens livres.

Deffault a esté octroyé contre ledict de Brazey avec saisye de sa portion de seigneurye dudict Gissey, saufz quinzaine.

Et depuys pource qu'il n'a comparu à ladicte quinzaine, a esté dict que lesdictz deffault et saisye tiendront, et qu'il sera contrainct fournir deniers ès mains dudict recepveur comme pour les propres deniers et affaires du Roy, combien que Siredey soy disant son procureur en ce bailliaige a

glure (1500) et aux Delettes d'Aubonne (1571); les d'Angoulevent, Lestouf de Pradines (1527), de Martigny (1572), d'Agey (1579), de Vaivre (id.), possédèrent la portion dite *de Pradines;* cette portion relevait de Grancey; une autre partie relevait de Gurgy en Auxerrois. Outre les seigneuries laïques, il y avait une portion de seigneurie au grand-prieur de Champagne depuis 1201, une autre aux Chartreux de Lugny depuis 1332. Les Chartreux acquirent le tout de François de Vaivre en 1674. — Courtépée, p. 220.

1. « Ceux qui ne comparoistront ou envoyeront se exoiner à ladite première monstre ou convocation, ou qui ne feront apparoir d'exemption, seront mis en service, ou personnel, ou d'aide, ou contribution; et neantmoins sera le fief ou fiefs du contumax et non comparant saisi pour la désobéissance. » Règlement du 23 janvier 1554, art. 4.

2. Thenissey, comm. du cant. de Flavigny. Cette terre, relevant directement du roi, a donné son nom à d'anciens seigneurs (XIIIe siècle), puis on trouve plusieurs seigneurs en partie, savoir : les de Chamesson,

de Mons (1366), de Villers-les-Haut (id.); les de Thenissey tenaient alors en arrière-fief; les de Champlemis (1392-1447), de la Doline, d'Arc (1404), Damas (1414), de Dracey, de Bournonville (1445); en 1473, les du Plessis, des Baugis, Poinsot. Ensuite viennent les de Gerlan ou Gellan (XVIe siècle), d'Édouard (XVIIe siècle), de Clugny (XVIIIe siècle). — *Rec. Peincedé.* Courtépée, p. 291.

1. Rochefort, comm. du cant. d'Aignay-le-Duc. Ancienne baronnie relevant directement du roi, a pendant longtemps appartenu aux de Rochefort-Pluvant (XIIIe-XVe siècle). En 1300, Robert de Rochefort tenait la seigneurie en fief du duc, sauf la forteresse qu'il tenait en fief de Jean de Darney; celui-ci en céda la mouvance au duc en 1310, et l'année suivante, le sire de Rochefort reprit le tout entre les mains du duc. Des Rochefort, cette terre passa aux de Chandio (1555), de Gerlan (1556), de Chatenay-Lanti (1598), de Luettein (1720), Chartraire (1724). — *Rec. Peincedé.*

Essarois, comm. du cant. de Recey-sur-Ource, relevait en toute justice de la baronnie de Rochefort.

Le Puiset, comm. de Beaulieu, ancienne dépendance de Rochefort.

Beaulieu, comm. du cant. d'Aignay-le-Duc, relevait de Rochefort.

Essarois, le Puiset et Beaulieu ont toujours appartenu aux seigneurs de Rochefort. Le prieur de Beaulieu était seigneur d'une partie de ce village.

2. Voyez plus haut l'art. de Guillaume de Chatenay.

remonstré qu'il doibt estre exempt, employé qu'il est pour le service du Roy en sa ville de Flavigny, de l'ordonnance et commandement de Monseigneur de Tavannes, lieutenant en ce pays, en l'absence de Monseigneur le Duc d'Aumalle, gouverneur.

Et depuys, sçavoir le vingt-troisiesme dudict mois, ledict Siredey a faict apparoir comme ledict Seigneur de Tavannes a ordonné aux habitans dudict Flavigny d'obéyr audict de Brazey, nommé de luy pour commander en ladicte ville, son ordonnance contenue en une requeste à lui présentée et qui est dattée du dix-huictiesme septembre ou présent an mil v° soixante-huict.

A esté dict, attendu qu'il est occuppé à la garde de Flavigny pour le service du Roy, qu'il demeure pour le présent exempt, soubz le bon vouloir et plaisir de Sa Majesté, et ce nonobstant les remonstrances de Siredey, son procureur en ce bailliaige, qu'il doibt estre déclairé exempt dudict arriereban, d'aultant qu'il est employé au service du Roy en sa ville de Flavigny, par le commandement de Monseigneur de Tavannes, lieutenant de Sa Majesté au gouvernement de Bourgoingne.

Contribue en deniers. — CLAUDE DE VALENTIENNES, Escuyer, Seigneur en partye de Baaslo, pour sa seigneurye dudict lieu[1], de valeur de revenu annuel, par la déclaration en baillée, de cent livres.

Deffault a esté octroyé contre ledict de Valentiennes, avec saisye en la main du Roy, de sa portion de seigneurye dudict Baaslo, saulz quinzaine.

Et depuys, pour ne s'estre représenté à ladicte quinzaine, a esté dict que lesdictz deffault et saisye tiendront et qu'il sera con-

traint contribuer en deniers et les fournir ès mains du recepveur commis à ce, comme pour les propres deniers et affaires du Roy. — XX ltz.

Exempt. — DAME CLAUDE DE CHASTELLET[1], vesve de feu Messire Jehan Damoncourt, à son vivant Chevalier, Seigneur de Montigny, tant en son nom que comme ayant la garde noble de Reney Damoncourt, son petit-filz, pour les seigneuries qu'elle tient et possède au lieu de Bryon[2], scavoir pour sa seigneurye appellée la seigneurye de Cernay, de valeur en revenu annuel de soixante livres par la déclaration en baillée, et pour celle appelée la seigneurye de Silly, de valeur aussy en revenu annuel par la déclaration en baillée de soixante douze livres, pour sa seigneurye d'Averlange[3] acquise de Edme

---

1. Du Chatelet.

2. Brion-sur-Ource, comm. du cant. de Montigny-sur-Aube. Cette seigneurie relevait directement du roi. Elle a donné son nom à d'anciens seigneurs (XIIe-XIVe siècle). Elle fut confisquée par Philippe de Rouvre sur les filles d'Ancel de Brion qui avait pris le parti des Anglais. Voilà l'origine de la partie domaniale. Diverses portions de la seigneurie, passées par mariage ou acquisition entre les mains d'autres familles, restèrent patrimoniales. Ainsi Geoffroy de Blaisy acquit de Huot de Brion, vers 1364, des fonds qu'il céda peu après aux religieux du Val-des-Choux. On voit plusieurs parties de Brion possédées par les familles de Biais (1366), de la Jaisse (1427), de Gand (1473), de Quincey, de Longuay (1526). Le *fief de Silly*, possédé en 1372 par Jean Davoust, à cause d'Isabelle de Brion, sa femme, passa depuis aux d'Avalis (1486), de Bonau, de Silly (1545), de Suzemont, d'Amoncourt (1568). Le *fief de Cernai* a été possédé par les de Montmoyen, de la Rochelle (1360), de Pontaillier (1366), de Montigny (1473), Boulangier, par alliance (1483), de Montléon (1505), de la Demerie (id.), Stoc (id.), Odax (1513), d'Amoncourt (1557). Les d'Amoncourt acquirent en 1564 une autre portion dite *d'Avo*, et réunirent toute la partie patrimoniale ; vendue en 1587 aux Logerot, reprise par les d'Amoncourt, revendue en 1607 aux Remond, encore une fois rentrée aux mains des d'Amoncourt, cette partie patrimoniale passa, par mariage, aux de Barillon, dans la première moitié du XVIIe siècle. La partie domaniale fut successivement vendue à Claude du Chatelet, veuve de Jean d'Amoncourt (1570), aux de Macheco (1623), de Frasans (1625), de Barillon d'Amoncourt (1652). Toute la seigneurie, ainsi réunie par les de Barillon, passa aux de La Briffe par alliance, et aux Garnier de Silly (1700). — *Rec. Peincedé.* Courtépée, p. 232.

3. Avelanges, comm. du cant. d'Is-sur-Tille, arr. de Dijon. Les reprises de fief de cette seigneurie, qui relevait directement du roi à cause de la châtellenie domaniale de Saulx-le-Duc, se trouvent tantôt aux fiefs de la Montagne, tantôt aux fiefs du Dijonnais. Saulx-le-Duc était compris dans ce dernier bailliage. Avelanges, partagé en plusieurs portions, a appartenu aux familles de Baissey (1294), d'Avelanges (1372), Despar-

---

1. Balot, comm. du cant. de Laignes. Cette terre relevait en fief du marquisat de Larrey ; en 1334, Robert de Grancey, sire de Larrey, reconnait tenir en accroissement de fief tout ce que le duc lui a donné en fief, arrière-fiefs, domaine, etc., etc., à Baaloul. En 1363, Guillaume de Grancey reprend de fief des hommes qu'il possédait à Baalo, partagés avec le seigneur ; Eudes, son frère, tenait alors la tour de Baalo. Les autres familles qui ont possédé des fractions de la seigneurie relevant de Larrey sont les de Trie (1372), de Saint-Léger (1403), de Saffres (id.), de Grancey (1464), Pot (1473), Poinsot d'Éguilly (id.), de la Perrière, de Bruillard, Philippe, bâtard de Grancey (1539); en 1568, les de Valentiennes, de Nogent, d'Éguilly ; ensuite les de Bussi-Rabutin, de Sénevoy pour le tout (1666). — *Rec. Peincedé.* Courtépée, p. 242.

du Fay, de valeur en revenu annuel par la déclaration en baillée de quinze livres, et pour sa seigneurye de Latrecey [1], de valeur aussi de revenu annuel de cent livres.

Pasquier pour ladicte Dame a remonstré que ledict feu seigneur de Montigny estoit à son vivant Commissaire ordinaire des guerres, Gentilhomme ordinaire de la chambre du Roy, actuellement servant et cappitaine de Saulx le Duc, place forte en ce pays de Bourgoingne, qui, à cause de ses charges et estatz suz declairez, auroit esté tousjours tenu pour exempt du service et contribution dudict ban et arrièreban, chose laquelle debvoit estre faicte aussy au regard de ladicte Dame qui, comme sa vesve, a deu et doibt jouyr de telz et semblables privilleiges que jouyssoit ledict sieur Damoncourt son feu mary, ce qui requéroit estre de nous dict et ordonné.

Le procureur du Roy a dict qu'il remectoit à nous de déclairer et ordonner si ladicte Dame, à cause de ce que dessús, seroit exempte de contribuer audict ban et arrièreban, remonstroit néantmoings que si exempte elle en debvoit estre, ce seroit pour son regard seulement et non pour le regard dudict René Damoncourt, son petit-filz.

A esté dict que deffault est octroyé contre ladicte Dame avec saisye en la main du Roy de ses seigneuries avant déclairées saufz quinzaine.

Et depuys scavoir est le dixhuictiesme dudit moys d'octobre, Me Claude Armynot,

au nom et comme procureur de ladicte Dame, a requis estre dict qu'elle sera exemptée aux causes et moyens que Pasquier a pour elle cydevant alléguez, comme elle en a pour mesme cause estée exemptée à Langres, comme il faisoit apparoir de l'acte à ladicte Dame expédyé, disant qu'en tous arrièrebans tant de ce bailliaige que d'aultres lieux, ledict feu seigneur de Montigny, son mary, avoit esté tenu pour exempt, comme il offroit monstrer des actes sur ce expedyés, disant aussi que comme par la coustume de Sens et de Bourgoingne, elle faict les fraiz (*lisez fruits*) siens des biens dudict Reney Damoncourt, son petit-filz, duquel elle a la garde noble, qu'elle ne doibt pour quelque cause que ce soit contribuer.

A esté dict que soubz le bon vouloir du Roy elle demeure pour le présent exempte dudict arrièreban en considération de ses remonstrances.

Charles de Cluny contribue en deniers. — Anthoine, son frère, demeure exempt aux causes d'aultre part déclairées. — DAMOISELLE LOYSE DE FOISSY, relicte de feu Hugues de Cluny, à son vivant Escuyer, seigneur de Vennaires et Gissey en partye, Anthoine et Charles de Clugny ses enffantz, pour leurs seigneuryes desdictz lieux de Gissey, de valeur en revenu annuel par la déclaration en baillée de cent livres, et Vennaires [1], de valeur aussy de revenu annuel de quatre vingtz livres, et pour leur four de

---

noul en partie (1374), Darböz (1391), de Morot, d'Achey (1474), de Berquam en partie (XVIᵉ siècle), du Fay, id. (1500), de La Sarra, id. (1509), de La Baulme, id. (1525), de Gand, du Fay (1552), d'Amoncourt (1554), de Colonge, de Brullard, de La Fontaine (1555), de Lenoncourt, de Montigny, Gelyot, Pouffier, etc., etc. Les Baillet de Vaugrenant réunirent les diverses portions de la seigneurie, au commencement du XVIIᵉ siècle; puis elle passa aux de La Boutière, de Berbis (1688), de la Coste (1718), Malteste (1768). Une partie de la seigneurie portait le nom de *fief d'Avelanges*, une autre celui de *fief de Colonge*. — *Rec. Peincedé.*

1. Latrecey, comm. du cant. de Châteauvillain (Haute-Marne). Cette seigneurie, dont la plus grande partie relevait du marquisat d'Arc-en-Barrois, a donné son nom à une branche de la famille des comtes de Bar-sur-Aube et de La Ferté, qui l'a possédée depuis le XIᵉ jusqu'à la fin du XIVᵉ siècle. Le dernier seigneur de ce nom est Simon de Latrecey qui vivait en 1366. La seigneurie fut démembrée; en 1391, elle était partagée entre les familles de Châtillon, de Latrecey, de Montereul, de Guerchi, venant des de Noyers, de Rochefort, de Juzenicourt, d'Aisey, de Rochetaillée. En 1473, on trouve les de Maligny, de Baissey, de Lenoncourt, de

Montereul, de Frouart. En 1585, la *grande seigneurie* appartenait aux de Montarby, la *seigneurie de la Motte* aux de Montarby et aux Regnier de Romprey, une autre *seigneurie* aux Regnier de Romprey, la *seigneurie d'Angoulevent* aux héritiers d'Amoncourt, la *seigneurie des Dombres* partie aux de Montereul, partie aux de Montarby. Il y avait en outre le *fief de Gand*, relevant directement du roi à cause de la tour de Châtillon-sur-Seine, qui a appartenu aux familles de Gand (1389), d'Asnay, Bonnot de Lantage (1489), Regnier de Romprey (1526), de Lestouf, en partie (1546), de Martigny, id. (1547), de Sommyèvre, id. (1548), de Lestrac, id. (1557), de Montarby (1566), Barbes (1569), Regnier de Romprey (1574). La *seigneurie de La Motte* passa des Regnier de Romprey aux Tisserand et aux de La Demerye (1606). Vers 1627, toutes les parties de Latrecey furent achetées par le maréchal de Vitry et unies au marquisat d'Arc-en-Barrois. En 1666, Mˡˡᵉ Margey était dame d'une petite partie de la seigneurie. Voyez aussi plus loin les art. de MÉRY DU CHASTEL et de JEHAN DE MONTEREUL. — *Rec. Peincedé.* Jolibois : *La Haute-Marne ancienne et moderne*, p. 321.

1. Vannaire, comm. du cant. de Châtillon. Ce village, qui relevait en fief de la seigneurie de Chaumont-

Bunssey [1] qui vault vingt cinq livres en revenu annuel.

Defrettes a remonstré que ladicte Damoiselle Loyse de Foissy est allée de vye à trespas et que les seigneuryes suz déclairées appartiennent auxditz Anthoine et Charles de Cluny ses enfantz lesquelz sont des ordonnances du Roy, actuellement employez au service de Sa Majesté.

A esté dict que défaut est contre eulx octroyé avec saisye de leurs seigneuryes en la main du Roy saufz quinzaine, dedans laquelle s'ilz font apparoir par certiffication deheuement expédiée qu'ilz sont des ordonnances du Roy, il leur sera pourveu comme de raison.

Et pource qu'ilz ne se sont représentez à ladicte quinzaine, a esté dict que lesdictz deffault et saisye tiendront et qu'ilz seront contrainctz fournir deniers es mains du recepvveur, à la concurrence et valeur de

leurdicte seigneurie, comme pour les propres deniers et affaires du Roy.

Et le vingt-troisiesme dudict mois d'octobre, ledict Charles de Cluny a comparu en sa personne et a remonstré que ou temps de la convocation faicte en ce lieu, il estoit à Ostun, si que il ne lui estoit possible d'y comparoir, requérant en ce que le faict le touche, estre relevé du deffault par luy faict, offrant fournir deniers es mains du recepvveur à la concurrence et valleur de sesdictes seigneuryes, ou bien de fournir (servir) en personne, luy baillant deniers, pource que son fiefz est si petit qu'il ne pourroyt faire ledict service sans ayde [1].

A esté dict qu'il contribuera en deniers à la concurrence de la valleur de son fiefz, et qu'il luy sera pourveu sur son offre de faire service personnel comme de raison. — XX ltz.

Et quant audict Anthoine de Cluny, il a dict qu'il n'a peu comparoir au jour de la convocation dudict ban et arrièreban pource qu'il estoit à Ostun soubz le ressort du bailliage duquel lieu il réside et où il auroyt en sa personne comparu au ban et arrièreban y convocqué, et faict offre de faire service personnel, tant pource qu'il a soubz le ressort du bailliaige dudict lieu que soubz le ressort dudict bailliaige de la Montaigne, comme il a faict apparoir par acte sur ce à luy expédyé audict Ostun, qui est demeuré devers le greffe de ceste court, et veu lequel a esté dict que faisant service personnel audict Ostun, pour les seigneuryes qu'il a tant audict lieu qu'en ce bailliaige, il sera exempt.

Contribue en deniers. — DAMOISELLE CLAUDE DE CASTRE, vesve de feu François de Nogent, et Edmon de Nogent son filz, pour leur seigneurye de Baalo, de valleur de revenu annuel, par la déclaration en bailliée, de cent dix livres.

Champeaul, assisté de Edme Boilot, a remonstré que ledict Edmond de Nogent est au service du Roy, soubz la charge de Monsr de Barbizieux, cappitaine de cinquante hommes d'armes et lieutenant pour le Roy en ses pays de Brye et Champaigne,

---

le-Bois, a appartenu aux familles de Vannaire (XIIe XIIIe siècle), de Foissy (1473), de Clugny, Jaquot (1509) du Ban de La Feuillée pour partie (1568), pour le tout (1666). — *Rec. Peincedé.* Courtépée, p. 260.

1. Buncey, comm. du cant. de Châtillon. Cette seigneurie a donné son nom à la famille de Buncey qui la possédait au XIIIe siècle. Mabile de Charney et Droin son fils la vendirent au duc de Bourgogne en 1271. Buncey devint alors une prévôté ducale, puis royale, qui dépendait de la châtellenie d'Aisey-le-Duc, en la justice du même lieu ; elle a pendant longtemps appartenu aux seigneurs engagistes de cette châtellenie ; à partir de la fin du XVIIe siècle, cette terre fut engagée séparément, aux Guenebault d'Arbois (1697), Fortier (1779), de Fautrières-Sommyèvres (1782). — Le four banal de Buncey formait un fief dont Jacques Paris de La Jaisse, bailli de Dijon, tenait la sixième partie, par indivis, avec Jean de Rochefort, bailli d'Auxois, en 1391 ; cette sixième partie valait alors de trente à quarante sous par an. Nous touchons aux infiniment petits de la société féodale. — Les cinq parties appartenant aux Rochefort venaient des Dourmoy (1366) ; la sixième partie était advenue à Jacques Paris de La Jaisse, par son mariage avec Marguerite de Foissy, dont la famille a pendant longtemps possédé le four de Buncey, soit en partie, soit pour le tout (XVe et XVIe siècles). Le *fief du Colombier*, ou *de la Colombière*, auquel étaient joints le moulin banal et le foulon de Buncey, fut démembré de la terre de Buncey et inféodé en 1300 par le duc Eudes IV, pour Jean de Châtillon ; il fut depuis possédé par les familles Le Chandelier, de Jussey (1362), de Balaon, de Villesurarce (1391), de Nogent, Legrand, Regnier (1524), Remond (1630), Houel (1742), Meost (1752). Relevait du roi. — Enfin le *fief d'Arbois*, situé à Buncey et érigé par lettres de 1593 en faveur de Jean Fyot, conseiller au parlement de Bourgogne, a passé des Fyot aux Guenebault, de Garron, Fortier (1778), Étignard de la Faulotte (1784), Fortier (1788). Relevait du roi en toute justice. — *Rec. Peincedé.* Courtépée, p. 253.

1. Lettres patentes du 21 juin 1553 : Art. 2. « Pource qu'il s'en pourroit trouver de ceux qui viendront servir personnellement, qui ne seront peut-estre tenus à tel équipage que dessus est dit, nous voulons que ceux-là soyent aidez de l'argent desdits contribuables, pour les rendre audict équipage de cheval-léger. »

en l'absence de Monseigneur le Duc de Guyse, gouverneur, et actuellement employé audict service, pour dequoy faire apparoir, il a produit le certificat dudict seigneur de Barbizieux, du septiesme du mois d'octobre du présent an mil cinq cens soixante huict, signé à la fin de la Rochefoucauld, et scellé en cire rouge du scel armoyé des armes dudict seigneur, veu lequel certifficat, il a esté en ce qui le touche exempté de faire service et contribution audict ban et arrièreban.

Et en ce que touche ladicte Damoiselle sa mère, a esté dict qu'elle sera tenue de contribuer en deniers à la concurrence et pour sa cotte part et portion d'icelle seigneurye de Baalo, pour laquelle portion elle fournira unze livres tz.

Exempt. — MESSIRE JEHAN DE MARTIGNY, Chevalier, pour sa seigneurye de Menesble[1], de valleur de revenu annuel de vingt livres, et pour son fiefz de Bremeur [2] de valeur

1. Menèble, comm. du cant. de Recey-sur-Ource. Relevait en toute justice du comté de Grancey ; a appartenu aux familles de Menèble (XIIIᵉ-XIVᵉ siècle), de Mypont, de Courlon, de La Tonnière (1535), de Gommier, de La Perrière, de Martigny, de Vaivre (1579). — *Rec. Peincedé.* Courtépée, p. 278.

2. Bremur, comm. du cant. de Châtillon. Relevait du roi en la justice d'Aisey-le-Duc ; a appartenu à la famille de Bremur (XIIᵉ-XIIIᵉ siècle), depuis aux Chateauvillain (1285) ; en 1293, Jean de Chateauvillain cède Bremur, à titre de gaigerie, au duc Robert II ; en 1296, Jean de Recey confesse tenir du duc et des autres seigneurs du lieu le château de Bremur et tout ce qu'il tient dans ce village ; en 1337, le fils de Jean de Chateauvillain cède Bremur au duc en échange de Belan. Depuis ce temps, cette partie de Bremur devenue domaniale n'a pas cessé d'être une dépendance de la châtellenie d'Aisey-le-Duc ; une autre partie, relevant également du roi dans la justice d'Aisey, est restée patrimoniale et a appartenu aux familles de Bremur (1372), de Recey (id.), de Montbeliard (id.), de Gand, Le Moine (1392), Blonde)id.) ; en 1473 elle était partagée entre les Coppin, Tancey et de Montdoirey. Au commencement du XVIᵉ siècle, cette partie de Bremur connue sous le nom de *seigneurie des Écuyers* appartenait à la famille d'Handresson ; de là aux de Martigny (1549), qui l'unirent à la seigneurie de Rocheprise.

Vaurois, hameau dépendant de Bremur, a eu les mêmes destinées ; une partie de la seigneurie était jointe à Aisey, l'autre appartenait aux seigneurs patrimoniaux de Bremur.

Rocheprise, château situé au bas de Bremur, était une seigneurie en toute justice relevant du roi et qui, depuis le XVIᵉ siècle, a appartenu, avec Bremur et Vaurois, ses dépendances, aux familles de Martigny, d'Agey (1610), de Sommyèvre (1645), de Favier (1676), Le Grand (1686), de Sommyèvre (1687), de Ligny (1718), Caudron de Cantin (1756), de Bruère (1772). — *Rec. Peincedé.* Courtépée, p. 251.

aussy de revenu annuel de soixante livres.

Jouvenot a remonstré que ledict seigneur de Martigny est cappitaine de Chastillon et d'Aisey-le-Duc qui est place forte assize au dedans ce pays de Bourgoingne, pourquoy comme ledict seigneur de Martigny faict service au Roy à la garde dudict chateau d'Aisey, il doibt estre déchargé du service et contribution dudict ban et arrièreban.

A esté dict que deffault est contre luy octroyé à faulte de comparition, avec saisye soubz la main du Roy de ses seigneuryes de Menesble et Bremeur, saufz quinzaine, auquel jour s'il ne compare en personne ou par procureur deuement fondé, il sera ordonné sur les remonstrances faictes par ledict Jouvenot, ce que de raison.

Et depuys pour ne s'estre représenté au jour dessus dict, a esté dict que lesdicts deffault et saisye tiendront et qu'il contribuera en deniers à la concurrence et valeur de ses fiefz, à quoy faire et souffrir il sera contrainct comme pour les propres deniers et affaires du Roy.

Et pource qu'il a esté depuys remonstré que le chasteau d'Aisey dont il a la charge de cappitaine importe au service de Sa Majesté, si qu'il le convient garder, a esté pour le présent déclaré exempt.

Exempt. — FLORENTIN DE MONTARBY, Escuyer, Seigneur de Bran, pour les seigneuries qu'il a acquises à Latrecey, tant de Jehan de Martigny le jeune, Escuyer, Seigneur de La Villeneufve, que de Jehan de Lantaiges, en valeur de revenu annuel de trois à quatre cents livres, comme aussy pour la Seigneurye qu'il a acquise audict lieu de Gratien de Montereul, de valeur de revenu annuel de soixante livres.

Deffault a esté octroyé contre ledict de Montarby avec saisye de ses seigneuryes dudict Latrecey, saufz quinzaine.

Et depuys pource que ledict de Montarby ne s'est représenté à ladicte quinzaine, a esté dict que lesdicts deffault et saisye tiendront et qu'il sera contrainct de contribuer en deniers, comme pour les propres deniers et affaires du Roy.

Et le vingt-septiesme dudict mois d'octobre, Champeau a remonstré que ledict de Montarby debvoit estre exoiné et déchargé non seullement du deffault et saisye contre luy octroyés, mais aussi dudict ban et arrièreban, pource que ledict de Montarby estoit employé pour le service du Roy au siége de Noyers, soubz la charge et conduicte de Monsr do Barbizieux, lieutenant pour le Roy au gouvernement de Champaigne, en l'absence de Monseigneur le Duc de Guyse, gouverneur, si comme il a faict apparoir du certifficat dudict Seigneur de Barbizieux qu'il a mis devers le greffe de ceste court soubz protestations de le retirer après qu'il en aura délaissé coppie collationnée à l'original.

Le procureur du Roy a dict qu'il n'empeschoit l'original du certifficat estre rendu, pourveu que copie en soyt délaissée audict greffe, maintient néantmoings que ledict de Montarby ne peult estre excusé de ce qu'il doibt et est tenu au Roy au faict dudict ban et arrièreban, pource que le service qu'il faict audict Seigneur de Barbizieux est volontaire, et duquel il se peult départir quand bon luy semblera, astraint et lyé qu'il n'est audict service, de façon que si excusé il est soubz considération d'icelluy service, le Roy est de tant incommodé qu'il est facile à ses subjectz de s'exempter du service audict ban et arrièreban.

A esté dict que ledict de Montarby demeure pour le présent exempt dudict arrièreban.

Contribue en deniers. — RENÉ DE ROCHEFORT, Seigneur dudict lieu, pour ses seigneuryes de Froloys, Poiseux, La Perrière [1], et choses en dépendantz, de valeur de revenu annuel, par la déclaration en baillée par ma Dame Anthoinette de Chasteauneufz, de cinq cens ltz.

Deffault octroyé contre ledict Seigneur de Rochefort avec saisye soubz la main du Roy de ses seigneuries suz déclairées, saulz quinzaine.

Et pource qu'il ne s'est représenté au dixseptiesme de ce moys, jour de ladicte quinzaine, a esté dict que lesdictz deffault et saisye tiendront, et sera contrainct de contribuer en deniers, comme pour les propres deniers et affaires du Roy. — cv ltz.

Exempt. — MESSIRE FRANÇOYS DE POT, Chevalier, Seigneur de Chasseingrimont, et Dame Gabrielle de Rochesouart, son espouse, pour leur Seigneurye de Blaisy [1], de valeur de revenu annuel de unze à douze vingts livres, par la déclaration en baillée.

Pasquier a remonstré que lesdictz Sr et Dame ont disposé par donation au proffict de leur filz de leur seigneurye de Blaisy, leur quel filz est des ordonnances du Roy en la compaignye de Monsr de Listenoys, cappitaine de cinquante hommes d'armes, duquel seigneur de Listenoys il a l'enseigne, pourquoy il doibt estre exempté.

Le procureur du Roy a dict qu'il ne croid ladicte donation avoir esté faicte, pource qu'elle a deu estre, suyvant les edictz du Roy au faict de son ban et arrièreban signifiée avant la convocation d'icelluy ban et arrièreban [2], et ont deu les donateurs, la donation

---

1. Frolois, comm. du cant. de Flavigny. Cette importante baronnie, relevant du roi, a donné son nom à l'illustre maison de Frolois qui l'a possédée depuis le xIe jusqu'au milieu du xve siècle. En 1449, elle passa, par alliance, à la maison de Vergy; confisquée par Louis IX, et successivement donnée à Jean de Saulx et à J. d'Echannai, elle fut rendue, en 1505, à Guillémette de Vergy, veuve en premières noces de Guillaume de Pontaillier-Talmay, et en secondes noces de Claude de Toulongeon. J. de Pontaillier-Talmay, son fils, mari de Jeanne de Rochefort, vendit Frolois au chancelier de France, Guy de Rochefort, en 1507; des Rochefort, cette terre passa aux Brichanteau-Nangis, par alliance (1652), et aux du Ban de la Feuillée (1683). L'ancienne baronnie de Frolois, érigée en comté en 1684, se composait de Frolois, Vaulbusin, Corpoyer, partie de Poiseul et de La Perrière. — *Rec. Peincedé.* Déclaration de 1666. Courtépée, p. 268.

Poiseul-la-Ville, comm. du cant. de Baigneux-les-Juifs. Relevait de Frolois, en toute justice, exercée par un maire héréditaire dont les droits furent confirmés en 1372, par le duc Eudes IV; une partie de la seigneurie appartenait aux seigneurs de Frolois qui l'avaient acquise en 1298 de la famille de Mailly; l'autre à l'abbé de Flavigny.

La Perrière, hameau dépendant de Poiseul, partagé entre les seigneurs de Frolois et l'abbé de Flavigny.— *Rec. Peincedé.* Courtépée, p. 283.

1. Blaisy-Bas et Blaisy-Haut, commes du cant. de Sombernon, arr. de Dijon, autrefois Blaisy-la-Ville et Blaisy-le-Château. Ancienne baronnie relevant du roi, érigée en marquisat en 1695, possédée par l'illustre maison de Blaisy (xIe-xvIe siècle), dont la dernière héritière la porta dans la maison de Rochechouart (1508); de là aux Pot (1567), Jaquot (1600), Joly (1645), Remond de Montmort (1788). — *Rec. Peincedé.* Courtépée, p. 249.

2. Règlement du 23 janvier 1554, art. 6 : « Toutes mutations des fiefs de main exempte à non exempte, ou de non exempte à exempte, soit par contract, succession ou autrement, seront signifiées au greffier devant le jour de ladite première convocation, et dedans un moys après icelle mutation eschoue, à fin que nostre procureur en puisse estre adverti, et y faire pour nostre service qu'il appartiendra. » — Art. 8 : « Donations fraudules faites par les non exempts aux exempts

faicte, se faire décharger, et si a dict que quant ce que dessus ne seroit de considération, néanmoings que deffault doit estre octroyé à faulte de comparition faicte par personne ayant pouvoir suffisant à ce, à faulte aussi de faire apparoir de certiffication par le donataire.

A esté dict que ledict deffault avec saisye de ladicte seigneurye de Blaisy en la main du Roy est octroyé audict procureur saufz quinzaine.

Et depuys scavoir est le trantiesme dudict mois d'octobre oudict an mil cinq cens soixante huict, ledict Pasquier a remonstré que ledict Seigneur de Blaisy est Chevalier de l'Ordre du Roy, si comme il a fait apparoir d'ung certifficat en parchemin du vingt-huictiesme dudict mois d'octobre, duquel il appert comme le Sieur de Listenoys bailla au mois de may dernier passé ledict Ordre duquel il est aussi Chevalier, audict Sʳ de Blaisy, au moyen de quoy requéroit icelluy Sʳ estre déclairé exempt dudict arrière-ban, ce qu'il a dict debvoir estre faict de tant plus tost que ledict sieur estoit au service du Roy, en la compaignye de Monsʳ le Duc de Montpensier, comme il a faict apparoir de deux lettres missives dudict Sieur Duc de Montpensier, l'une du vingt neufviesme aoust et l'autre du troisiesme septembre, la coppie desquelles collationnées à l'original il a délaissé au greffe de ceste court dont acte à luy octroyé; a esté dict qu'il demeure pour le présent exempt soubz le bon vouloir et plaisir du Roy.

Exempt. — JEHAN DE BLONDEFONTAINE, Sieur de Mussyot, demeurant audict lieu, pour sa seigneurye de Thoire qui vault de reveu annuel par la déclaration en baillée par feu Damoiselle Jehanne de Montigny sa mère, quarante livres.

Ledict de Blondefontaine a comparu en sa personne et a remonstré qu'il est homme d'armes en la compaignye de Monseigneur le duc d'Aumalle, faisant actuellement le service duquel il est tenu, pourquoy requéroit estre déchargé du service et contribution audict ban et arrièreban.

A esté dict, veu le certificat de la dernière monstre faicte de la compaignye de mondict

Seigneur le Duc d'Aumalle, qu'il demeure exempt.

Contribue en deniers. — JEHAN DE CHAUVIREY, Escuyer, Seigneur de Gratedos, demeurant audict lieu pour ses seigneuries d'Aprey et Rouelles[1], assizes sur le ressort dudict bailliage de la Montaigne, de valeur de revenu annuel, de déclaration en bailliée de cent ltz.

Deffault avec saisye soubz la main du Roy desdictes seigneuries d'Aprey et Rouelles, est octroyé contre ledict de Chauvirey, saufz quinzaine.

Et depuys, pource que ledict Seigneur de Gratedos ne s'est représenté à ladicte quinzaine, en déclairant que lesdictz deffault et saisye tiendront, a esté dict qu'il sera contrainct de contribuer deniers, comme pour les propres deniers et affaires du Roy, à la concurrence et valleur desdictes seigneuries d'Asprey (*et Rouelles*). — xx ltz.

Exempt. — MESSIRE FRANÇOYS DE LIVRON, Chevalier, Seigneur de Bourbonne et de Torsenay, pour la portion de seigneurye qu'il a acquise à Bricons, de Maistre Alexandre le Gruyer, de valleur par la déclaration qu'il en a baillée, en revenu annuel, de deux à trois centz livres.

Deffault avec saisye a esté octroyé contre ledict de Livron, à cause de sadicte seigneurye de Bricon, saufz quinzaine.

Et depuys scavoir est le dixseptiesme dudict mois d'octobre oudict an, pource que ledict de Livron ne s'est représenté ou aultre pour luy, a esté dict que le deffault et saisye cy dessus donnée tiendra, et neant-

n'empescheront que le donateur ne serve ou contribue. »

1. Aprey, comm. du cant. de Longeau. (Haute-Marne). Simple seigneurie relevant d'Arc-en-Barrois avec le *fief de Grattedos* où était anciennement le château; possédée du xiiᵉ au milieu du xiiiᵉ siècle par la maison d'Aprey. Elle fut alors réunie à d'autres seigneuries du voisinage. On voit parmi les seigneurs les de Donmarien (1391), de Saint-Beroing et de Bretaing (1473), Damas de Chalancey (xvᵉ siècle), de Chauvirey, de Saulx, de Damas-Thianges (1666), Danthès (1780). — *Rec. Peincedé.* Jolibois, *La Haute-Marne*, p. 26. Courtépée, p. 242.

Rouelles, comm. du cant. d'Auberive (Haute-Marne). Cette seigneurie, relevant d'Arc-en-Barrois, a appartenu aux familles de Bar-Chateauvillain (xiiᵉ siècle), de Rouelles (xiiiᵉ siècle), de Chaudenay (1322), de Blinville (1366), de Sissey (1391); elle revint aux Chateauvillain au xvᵉ siècle, puis aux de Chauvirey (1473-1568), de Cunes (1473), de Grancey, Simony (1341), de Germayne, de Marivetz (xviiᵉ siècle). Nous retrouvons plus loin cette seigneurie. — *Rec. Peincedé.* Jolibois, p. 479. Courtépée, p. 287.

moings sera tenu de contribuer en deniers, pour la valeur de sadicte seigneurie.

Et le vingtsixiesme dudict mois d'octobre, Pasquier a remonstré que Nicolas et Herard de Livron sont enffantz et héritiers dudict Francoys de Livron, lequel Nicolas est Gentilhomme ordinaire de la maison du Roy, qui est à présent au camp de Monsr frère du Roy, et quant audict Herard, il est paige d'honneur du Roy, servant actuellement; pourquoy en ensuyvant les lettres données de Sa Majesté le quinziesme de janvier dernier passé, de la coppie desquelles collationnées à l'original, signées Braconnyer, il a faict production au greffe, il a requis, icelles lettres veues, estre déclaré exempt selon qu'avoyt esté faict au bailliaige de Sens, et à Langres, si comme aussi il faisoit apparoir par actes à luy sur ce expedyés, et dont il a laissé la coppie au greffe de ceste court.

Le procureur du Roy a dict que, à la première et seconde convocation, aulcung ne s'est représenté pour lesdictz seigneurs, si que lesdictz deffault et saisie doibvent tenir, veu mesmes qu'ilz n'ont sattisfaict aux ordonnances du Roy, en ce qu'ilz ne se sont faict inscripre au greffe avant lesdictes convocations et dedans le temps que faire ilz le doibvent, car en quoy il y a eu mutation de fiefz, ilz ne l'ont déclairé.

A esté dict que pour le présent ilz demeurent exemptz et neantmoings la saisye ordonnée tiendra, jusques à ce qu'ilz ayent baillé déclaration de la valeur de leur fiefz.

Exempt. — GRATIAN DE CHATENAY, pour sa seigneurye dudict Bricons [1], de valeur en revenu annuel par la déclaration en baillée de cent livres tz.

Champeaul a remonstré que ledict de Chatenay faict sa résidence soubz le ressort du bailliaige de Chaumont, auquel lieu il faict service personnel pour les seigneuryes qu'il y tient et pour celle dudict Bricons assize soubz le ressort de ce bailliaige.

Le procureur du Roy ouy, qui a dict que ledict de Champeau n'avoit pouvoir dudict de Chatenay pour remonstrer ce que dessus,

et qu'il ne faisoit apparoir par acte ou aultrement que ledict de Chatenay face service en personne audict bailliaige de Chaumont, dict a esté que deffault est octroyé contre ledict de Chatenay avec saisye, saufz, s'il en faict apparoir à quinzaine, d'ordonner ce que de raison.

Et depuys, le dixseptiesme dudict mois d'octobre oudict an, jour de ladicte quinzaine, pource que ledict de Chatenay ne s'est représenté ny aultre pour luy, dict a esté que le deffault tiendra et ladicte saisye, et neantmoings sera contrainct de contribuer en deniers pour la valleur de sadicte seigneurye. Et encores depuys, ledict de Chatenay en sa personne a remonstré qu'il estoit employé au service du Roy à la garde du chasteau de Montéclaire, cause pour laquelle il debvoit estre exempté de l'arriereban, a esté dict que délay de trois sepmaines luy est baillé pour en faire apparoir, à faulte de quoy faire, ledict délay passé, il contribuera comme dessus.

Et le xxve du mois de novembre 1568 ledict Gratian de Chatenay a en sa personne apporté certification de Monseigneur le Duc d'Aumalle, donnée à Chalevanges le premier octobre 1568, signée : Claude, et plus bas : Hotman, par laquelle ledict Seigneur Duc certiffie que ledict de Chatenay est de son ordonnance, actuellement employé au service du Roy à la garde de Montéclaire, veue laquelle certification dont la copie a esté délaissée au greffe, a esté déclairé exempt.

Exempt. — MESSIRE GUILLAUME DE HAULTEMER, Chevalier, Seigneur de Fervasque, pour sa seigneurye de Grancey [1] et de Busserottes [2] assizes soubz le ressort de ce bail-

---

1. En rapprochant cet article du précédent, et de celui de JEHAN DE CHATELET, on voit qu'en 1568 l'importante seigneurie de Bricon était partagée entre les trois illustres familles du Chatelet, de Livron et de Chatenay.

1. Il faut lire Créancey, comm. du cant. de Châteauvillain (Haute-Marne). Ancienne baronnie relevant du roi à cause de la Tour de Châtillon-sur-Seine. Elle a toujours appartenu aux seigneurs de Châteauvillain, savoir : les de Châteauvillain, de Thil-Châteauvillain, de la Baume (1515), d'Avaugour ; possédée séparément pendant plusieurs années par les d'Auterive et par les Hautemer de Fervasque (xvie siècle); elle fut de nouveau réunie, vers la fin du même siècle, au duché de Châteauvillain. — *Rec. Peincedé*. Jolibois, p. 171.

2. Busserotte, comm. du cant. de Grancey, arr. de Dijon, En 1302, le sire de Grancey reconnaît tenir du duc de Bourgogne la garde et l'exécution de la justice à Busserotte, avec les fiefs et arrière-fiefs du même lieu. Cette partie importante de la seigneurie a toujours été unie au comté de Grancey, et les reprises de fief s'en faisaient à la Chambre des comptes de Dijon ; une autre partie, relevant de Grancey, avait des sei-

liaige, de valeur en revenù annuel par la déclaration en baillée de cinq à six centz livres.

Champeaul a remonstré que ledict de Haultemer est Chevalier de l'ordre, cappitaine de cinquante hommes d'armes des ordonnances de Sa Majesté, au service de laquelle il est pour le présent employé.

A esté dict que deffault est contre luy octroyé avec saisye de sesdictes seigneuryes en la main du Roy saufz quinzaine.

Et le deuxiesme novembre mil cinq cens soixante huict Me Nicolas Radoubté a pour ledict Sr envoyé au greffe de ce bailliaige l'acte extraict des registres de la convocation dudict ban et arriereban faicte au lieu de Vignorry pour le dangier de peste regnant à Chaulmont, pour monstrer que ledict Sr a esté exempté au bailliaige dudict Chaulmont, soubz le ressort duquel il réside à cause qu'il est notoire que ledict Sr est Chevalier de l'ordre et cappitaine de cinquante hommes d'armes.

A esté dict, veu l'acte cy dessus mentionné, et attendu que ledict Seigneur de Fervasque a charge de cinquante hommes d'armes, comme il est notoire, qu'il demeure pour le présent exempt soubz le bon vouloir du Roy.

Exempt. — JEHAN DÉGULLY, Escuyer, Seigneur dudict lieu, pour ses seigneuryes de Fontaine [1], Baalo et Bissey les Pierres, assizes en cedict bailliaige, de valleur par la déclaration en baillée, de deux cens quatre vingtz dix livres.

Deffault octroyé contre ledict Dégully et saisye de ses seigneuryes en la main du Roy saufz quinzaine.

Et depuys le dixseptiesme dudict mois d'octobre oudict an, jour de ladicte quinzaine, pource que ledict Dégully n'a comparu en personne ou par procureur, dict a esté que lesdictz deffault et saisye tiendront.

Et encores depuys, sçavoir est le vingtiesme dudict mois d'octobre, Claude Bornot, procureur et recepveur dudict Dégully audict Fontaines, a remonstré que ledict Seigneur n'avoit pu comparoir audict ban et arriereban au jour de la convocation pource qu'elle se feyt le quatorziesme du mois d'octobre, au bailliaige d'Auxois soubz le ressort duquel bailliaige il réside, auquel jour il comparut en sa personne à Semur, siége principal d'icelluy bailliaige, et feit offre de faire service personnel pour toutes les seigneuryes qu'il tient soubz l'obéissance du Roy, à quoy il auroit esté receu et retenu, pour de quoy faire apparoir, a produict l'acte sur ce à luy expedyé audict bailliaige, signé à la fin, par ordonnance : Barault, et lequel il a faict enrégistrer pour y avoir recours.

A esté dict qu'il sera ordonné ce que de raison.

Et depuys a esté dict, attendu les remonstrances dudict Seigneur Dégully dont il a faict apparoir, qu'il demeure exempt en faisant touteffois par luy service personnel au bailliaige d'Auxois.

Exempt. — JEHAN DE LETOUX, DICT DE PRADINES, Escuyer, Seigneur de Semoutier [1], pour sa seigneurye dudict lieu, de valeur de revenu annuel, par la déclaration qui en a esté baillée, de six vingt livres tz.

Deffault a esté octroyé contre ledict Seigneur de Semoutier, à faulte de comparition, et saisye de sadicte seigneurye, saufz quinzaine.

Et depuys le dixseptiesme dudict mois d'octobre, jour de ladicte quinzaine, pource qu'il ne s'est représenté, ny aultre pour luy, ledict deffault et ladicte saisie tiendront.

Et le vingtsixiesme dudict mois d'octobre, Champeau a remonstré que ledict de

---

gneurs particuliers : au XVIe siècle, les Regnier, au XVIIIe siècle, les Fleutelot de Beneuvre. *Rec. Peincedé.* Courtépée, p. 267

1. Fontaines-en-Duesmois, comm. du cant. de Baigneux-les-Juifs. Simple seigneurie relevant du roi, a appartenu aux de Fontaines (1217), de Cussigny, de Chasan, de Mypont, de Chaudenay, de Biais, Davou, de Neelles, tous pour partie au XIVe siècle ; de Fontaines, acquéreurs des de Cussigny (1365), de Mandelot (1446), Poinsot d'Éguilly (1473), de Saint-Belin-Mâlain (1603), Morel de Villiers (1757), de Fresne (1768). *Rec. Peincedé.* Courtépée, p. 266.

1. Semoutier, comm. du cant. de Chaumont (Haute-Marne). Simple seigneurie relevant d'Arc-en-Barrois; a appartenu aux familles de Semoutier (XIIe-XIVe siècles), de Gransson, en partie (1366), de Ray, id. (1409) ; aux de Viry, de Rencourt, de Vienne, en 1473. On trouve aussi les Scotefer, Girault, d'Angoulevent, Lestouf de Pradines, en partie (1568), des Armoises, id. (id.) ; unie au duché de Chateauvillain, puis séparée, et possédée par les d'Hostel-Ecot (1666), de Chatenay-Lanty (1677), d'Ecot (1726), de Nangis, de Clermont-Tonnerre (1743), de Lannion, du Hautoy (1748). — *Rec. Peincedé.* Jolibois, p. 500.

Semouthier debvoit estre exoiné et déchargé non seullement du deffault et saisie contre luy octroyés, mais aussi dudict ban et arriereban, pource que ledict de Semouthier estoit employé au service du Roy au siége de Noyers, soubz la conduicte de Monsieur de Barbezieux, lieutenant pour le Roy au gouvernement de Champaigne, en l'absence de Monseigneur le Duc de Guyse, gouverneur, si comme il a faict apparoir de certificat dudict Seigneur de Barbezieux, qu'il a mis devers le greffe de ceste court, soubz protestation qu'il a faict de l'en retirer après y avoir delaissé coppie collationnée à l'original.

Le procureur du Roy a dict qu'il n'empeschoit l'original du certificat estre rendu pourveu que coppie en soit délaissée audict greffe, maintient neantmoings que ledict de Semoutier ne peult estre excusé de ce qu'il doibt et est tenu au Roy au faict dudict ban et arriereban, pource que le service qu'il a faict audict Seigneur de Barbezieux est volontaire et duquel il se peult départir quand bon luy semblera, astrainct et lyé qu'il n'est audict service, de façon que si excusé il est soubz considération d'icelluy service, le Roy est de tant incommodé qu'il est facile à ses subjectz de s'exempter dudict service audict ban et arriereban.

A esté dict qu'il demeure pour le présent exempt.

Contribue en deniers. — PIERRE ET JOACHIN DE RAPHAI, frères, demeurans à Courlaon, pour leurs seigneuryes de Beneuvre et Chaugey[1], assizes en ce bailliage, qui vaillent par la déclaration cy devant en baillée vingt cinq livres.

Deffault a esté octroyé contre lesdictz de Raphai avec saisye de leursdictes seigneuryes, saufz quinzaine.

Et depuys à ladicte quinzaine a esté dict que ladicte saisie tiendra pour n'avoir comparu lesdictz de Raphai ny aultre pour eulx.

Et le landemain dixhuicticsme dudict mois d'octobre, ledict Pierre de Raphai a comparu en sa personne et a requis tant pour luy que pour ledict Joachin son frère ledict deffault estre déculpé, offrant de contribuer en ce que le faict le touche en deniers selon la valeur de son fiefz, pource que quant audict Joachin il doibt estre exempt à cause qu'il est cappitaine du chastel de Grancey, place forte en laquelle il faict service personnel.

Le procureur du Roy a dict que ledict chasteau de Grancey n'appartient au Roy et n'est soubz le ressort de ce bailliaige, requérant estre dict que ledict Joachin contribuera.

A esté ordonné que lesdictz Pierre et Joachin de Raphai contribueront en deniers et fourniront es mains du recepveur des deniers du ban et arrieban la somme de six livres cinq solz deans huict jours à peine de saisye. — vj ltz v stz.

Contribue en deniers pour un tiers. — *Son fils exempt.* — LOYS DE THOISY, pour sa portion de seigneurie de Mugnois[1], qui est d'un tiers, et HUGUES DE THOISY, son filz, aussi pour sa portion de seigneurie dudict lieu, qui est des deux

---

1. Beneuvre, comm. du cant de Recey-sur-Ource. Seigneurie relevant en toute justice du grand prieuré de Champagne (Ordre de Malte) ; a donné son nom à d'anciens seigneurs (xiie, xiiie siècle). En 1299, Guillaume de Beneuvre reconnait que son fief est de la mouvance de Grancey, c'est-à-dire qu'anciennement les sires de Grancey y avaient la garde et la haute justice quant à l'exécution, ainsi qu'il résulte d'un dénombrement donné au duc de Bourgogne, par Eudes de Grancey, le 20 février 1887. La seigneurie appartenant aux Hospitaliers, anciennement aux Templiers, était sous-inféodée ; c'est ainsi qu'elle a été possédée par les de Montmoyen, en partie (1805), Brocard, id., Regnier de Romprey, id., de Raffai, id.; les de Marnay, de Senevoy ; Fleutelot depuis 1582. — *Rec. Peincedé.* Courtépée, p. 249. *Inventaire du grand prieuré de Champagne*, t. I, p. 165 et suiv. *Arch. de la Côte-d'Or.*

Chaugey. comm. du cant. de Recey-sur-Ource. Village donné aux Templiers en 1301 par Guy de Villars;

puis aux Hospitaliers auxquels une autre portion fut cédée, en 1418, par Guyot de Gemeaux, seigneur en partie. Seigneurs du nom. Les sires de Grancey y avaient, comme à Beneuvre, la garde et la haute justice, quant à l'exécution. On sait qu'au xvie siècle la seigneurie était sous-inféodée aux de Raphai, seigneurs en partie de Beneuvre; au dernier siècle elle appartenait directement au grand prieur de Champagne et au commandeur de Montmorot. — *Rec. Peincedé.* Courtépée, p. 259. *Inv. du G.-P. de Champagne*, p. 167 et suiv.

1. Munois, dépendance de Darcey, cant. de Flavigny. Une partie de la seigneurie avec le château, relevant de la Roche-Vanneau, et en arrière-fief de l'abbaye de Saint-Pierre de Flavigny, a appartenu aux de Drées (1473), de Thoisy (1568), de Gand (1666) ; l'autre partie, relevant du roi, a été possédée par les de Frolois (1228), de Montbar (1328), Coutier de Souhey (1568) ; au dernier siècle, les de Saint-Phal pour le tout. *Rec. Peincedé.* Courtépée, p. 263.

tiers, toute ladicte seignorye de valeur en
revenu annuel, par la déclaration en
baillée, de quatre vingtz dix livres.

Champeau a remonstré que ledict Loys
de Thoisy est sexagénaire, ayant deux ses
enffantz au service du Roy, qui le doibt ex-
cuser de contribuer en deniers.

Deffault ce nonobstant a esté octroyé
contre lesdictz de Thoisy avec saisye de
leur seigneurie en la main du Roy, saufz
quinzaine.

A laquelle quinzaine, à faulte de comparition desdictz de Thoisy a esté dict que
ledict deffault et saisye tiendront.

Et le dixneufviesme jour du mois d'octobre, ledict Hugues de Thoisy s'est représenté en sa personne et a faict apparoir
par certification du Seigneur de Bryon du
dixseptiesme dudict mois d'octobre, signée
à la fin : Francoys Chabot, lieutenant de la
compaignye Monseigneur le Duc d'Aumalle,
comme ledict Hugues est homme d'armes
de ladicte compaignye, couché en l'estat, et
que il s'achemine avec ladicte compaignye
au camp d'Orléans pour le service de
Sa Majesté.

A esté dict que quant audict Loys père,
il contribuera, et quant audict Hugues, sera
ordonné sur l'exemption qu'il prétend.

Et depuys, veue la certification dudict
Seigneur de Bryon, dont la coppie collationnée à l'original a esté délaissée au greffe de
ceste court, a esté dict que, pour le regard
des deux tiers de ladicte seigneurye de Mu-
noys, il demeure pour le présent exempt,
ordonnant que ledict Loys de Thoisy son
père contribuera en deniers pour le regard
du tiers d'icelle seigneurie qu'il s'est réser-
vée. — v ltz.

Contribue en deniers. — CLAUDE DE
LETOUX, DICT DE PRADINES, demeurant à
Poinssons, soubz le ressort du bailliage de
Sens, pour ses seigneuryes de Poinssons et
Poinssenot[1], au regard de ce desdictes sei-

gnories qui est soubz le ressort de ce bailliage de la Montaigne, qui vaillent, par
déclaration en baillée, quatorze livres six
deniers obole.

Deffault et saisye desdictes seigneuryes en
la main du Roy, saufz quinzaine.

A laquelle quinzaine, eschéant le dixseptiesme dudict mois d'octobre, a esté dict
que lesdicts deffault et saisye tiendront pour
ne s'estre ledict de Pradines représenté en
personne ou par procureur, et neantmoings
contribuera en deniers selon la valeur de
son fiefz. — v ltz.

Contribue en deniers. — CLAUDE DES
ARMOISES, demeurant au pays de Lorraine,
pour la portion de seignorye qu'il tient à
Semoutier, de valeur de cent livres.

Deffault et saisye de ladicte seigneurye en
la main du Roy, saufz quinzaine.

Et depuys à ladicte quinzaine, le dixseptiesme dudict mois d'octobre, a esté dict
que lesdictz deffault et saisye tiendront pour
ne s'estre représenté ledict des Armoises en
personne ou par procureur, et neantmoings
contribuera en deniers. — xxv ltz.

Exempt. — ANTHOINE DORGES, Seigneur de Villeberny, pource qu'il tient en
fiefz à Saumaise, de valeur de quatre vingtz
à cent livres.

Deffault et saisye dudict fiefz en la main
du Roy, octroyée contre ledict Dorges,
saufz quinzaine.

A laquelle quinzaine, eschéant le dixseptiesme d'octobre oudict an, a esté dict
que lesdicts deffault et saisye tiendront pour
ne s'estre représenté ledict Dorges en personne ou par procureur, et neantmoings
contribuera en deniers et sera contrainct de
bailler ou représenter la déclaration de son-
dict fiefz.

Et le vingtseptiesme dudict mois d'octobre, ledict Seigneur de Villeberny, par
Anthoine Menestrier, a faict remonstrer
qu'il faisoit service personnel au bailliage
d'Auxois soubz le ressort duquel il réside,
pour toutes les seigneuries qu'il a et tient
soubz l'obéissance du Roy, à quoy faire il a
esté reçeu, et neantmoings, comme l'arrière-
ban n'a esté mandé pour aller au service du

---

1. Poinson-lez-Grancey et Poinsenot, commes. du
cant. d'Auberive (Haute-Marne). Autrefois partie en
Bourgogne, partie en Champagne ; la seigneurie de la
partie de Bourgogne, relevant directement du roi, appartenait au grand prieur de Champagne, anciennement aux Templiers. Elle fut pendant longtemps sous-
inféodée. Ainsi on trouve partie de la seigneurie de
Poinsenot possédée en 1448 par les de Courbalon, en
1531 par les de Reffay et de Brulard, qui reprenaient
de fief du grand prieur ; de même Poinson et Poinse-

not en partie aux Letouf de Pradines, seigneurs en
même temps de la partie champenoise (1568-1605). En
1636, la seigneurie appartenait directement au grand
prieur. — *Rec. Peincedé. Inv. du G.-P. de Champagne.*

Roy, il est en attendant allé au siége de
Noyers pour le service de Sa Majesté, de
l'ordonnance de Monsr de Ventoux, Chevalier de l'ordre du Roy, cappitaine de cinquante hommes d'armes, lieutenant au gouvernement de Bourgoigne, en l'absence de
Messeigneurs le Duc d'Aumalle et de Tavannes, si comme il a faict apparoir par lettres
dudict Seigneur de Ventoux, adressantz aux
officiers du Roy en ce bailliaige, du vingt
cinquiesme de ce présent mois d'octobre,
par lesquelles il prye deffault n'estre donné
à la convocation dudict arriereban contre
ledict Seigneur de Villeberny, de quoy a
esté octroyé acte audict Menestrier.

Et le seiziesme jour de novembre oudict
an, judiciallement à la tenue des jours ordinaires, a comparu ledict Anthoine Dorges
par Me Jehan Pasquier, son procureur, assisté de Me Claude Bornot, qui a présenté
l'acte et certification donné au bailliaige
d'Auxois le huictiesme d'octobre dernier,
signé : Barauld, par lequel il appert qu'il
a esleu le service audict bailliaige d'Auxo:s,
soubz lequel il réside, pour toutes les terres
et seignories qu'il tient et possède en ce
royaulme, et encores ung aultre acte donné
au bailliaige d'Ostun, le dixhuictiesme dudict mois, signé : Gaudry, par lequel appert
que sur l'acte d'icelluy bailliaige d'Auxois,
il a esté mis au roolle des exemptz pour le
regard des terres et seigneuries qu'il tient
audict bailliaige d'Ostun, et si a produict la
déclaration du bien et revenu qu'il tient et
possède desdictes seigneuries de Blaissey,
Saumaize, Boux et Bouzot[1], contenantz
trois feuilletz et demy, signé à la fin de sa
main, requérant pour ce regard estre dé-
claïré exempt du ban et arriereban, dont

acte luy a esté octroyé et remis à Monsr le
Bailly d'y ordonner. Et demeureront les
coppies desdictz certificatz rières le greffe
avec ladicte déclaration. A esté déclairé
exempt soubz le bon vouloir du Roy.

Contribue en deniers. — DAMOISELLE
MAGDELEINE DE CARENDÉFFEX, relicte de
feu Françoys de Montigny, à son vivant
Seigneur de Chaumont le Boys[1], tant en
son nom que pour et au nom et comme
ayant la garde noble de ses enffantz du
corps dudict de Montigny, pour leur seigneurye dudict Chaumont le Boys, de valeur de revenu annuel, par la déclaration en
baillée, de cent livres.

Deffaittes pour ladicte Damoiselle a faict
offre de contribuer en deniers, à la concur-
rance de la valeur de ladicte seignorye.

A esté dict qu'elle contribuera es mains
du recepveur commis à recepvoir les deniers dudict ban et arriereban, la somme
de vingt livres, à peine de saisye et d'en
estre exécutée. — XXV ltz.

Contribue en deniers. — MERY DU CHAS-
TEL, Escuyer, demeurant à Arc en Barroys,
Seigneur en partie de Latrecey, à cause
d'acquisition en faicte de feu Guillemin de
Lantaiges, de valeur en revenu annuel de
quarante livres, par la déclaration qu'il en
a baillée le treiziesme mars mil cinq cens
soixante deux, à cause aussi d'acquisition
qu'il a faicte de Jehan de Montereul, en
valeur de revenu annuel, de quatorze livres.

Deffault et saisye, saufz quinzaine.

A laquelle quinzaine, Jobelin s'est représenté pour ledict du Chastelt (*sic*) et a remonstré que l'an passé il avoit contribué en
deniers, lesquelz estoient encores es mains
du recepveur, octroye encores de contribuer

---

1. Blessey, comm. du cant. de Flavigny. Relevait du
comté domanial de Saumaise, la justice rendue par le
bailli du même lieu. Une partie de la seigneurie a eu
des seigneurs particuliers, les d'Arc-sur-Tille, de Latrecey, de Rochetaillée (fin du XIVe siècle), Dubois, seigneurs en même temps de la partie domaniale (1483),
de Damas, Cothier (1538), d'Orges (1542). Depuis, le
tout a été réuni à Saumaise. — *Rec. Peincedé.*

Boux-sous-Salmaise, comm. du cant. de Flavigny.
Relevait en toute justice du comté de Saumaise. En
1243, Alin de Vauvrin donne au duc tout ce qu'il possède à Boux. Depuis on trouve les de Grosbois, en
partie (1365), de Chatoillenot, id. (id.), de Sainte-
Sabine, id. (1372), Poinsot, id. (1406), Dubois (1473),
de Cicon, en partie (1520), de Damas, id. (1533), Cothier, id. (1538), d'Orges, id. (1542) ; depuis réunie à la
châtellenie de Saumaise (XVIIe siècle). Boux en fut dé-

membré en 1705 en faveur des de la Cousse d'Arcelot.
La Tour-Charotte, fief patrimonial au seigneur. — *Rec.
Peincedé.* Courtépée, p. 250.

Bouzot, dépendance de Boux. Relevait de Saumaise ;
possédé en partie par les de Ruffey (1366), de Champlemis (1392), de Dracey (1405), du Plessis (1473), Dubois
(1488) ; depuis aux de Damas (1583), Cothier (1538),
d'Orges (1542), Venot (1666), Boucquin du Magny (vers
1709). *Fief de Chevigny* jadis aux Choiseul. — *Rec.
Peincedé.*

1. Chaumont-le-Bois, comm. du cant. de Châtillon.
Seigneurie relevant de Saffres, a appartenu aux de
Saigney, de Broindon (1372), de Montigny (1448), de
Foissy (1473), de Montigny (1568-1666), Jacquot (1599),
du Ban (1700), Le Bascle d'Argenteuil (1780). — *Rec.
Peincedé.*

si les deniers qu'il a fournys ne luy doibvent tenir lieu.

A esté dict qu'il fournira et contribuera en deniers, attendu qu'il est plus que sexagénaire, et fournira les deniers es mains du recepveur dedans huict jours à peine de saisye de ses seigneuryes en la main du Roy et neantmoings d'estre contrainct à ce. —x ltz.

Exempt. — CLAUDE DE MONCRY, Escuyer, pource qu'il tient en fiefz à Balenod [1] et Origny, de valeur de revenu annuel, selon la déclaration en baillée par feu son père, de trante livres.

L'advocat Champeau a remonstré que ledict de Moncry est archer de la garde du corps du Roy, actuellement servant en sa charge, pourquoy requéroit icelluy estre déclairé exempt.

A esté dict que deffault est contre luy octroyé, avec saisye de ses fiefz saufz quinzaine.

Et depuys, le dixseptiesme dudict mois d'octobre, jour de ladicte quinzaine, a esté dict que lesdictz deffault et saisye tiendront, à faulte de s'estre ledict de Moncry représenté en personne ou par procureur.

Et depuys, après qu'il a esté certiffié et attesté qu'il est archier de la garde du Roy, estant de présent au service de Sa Majesté, chose aussi qui est notoire en ce lieu, a esté déclairé exempt, soubz le bon vouloir du Roy.

Contribue en deniers. — ESTIENNE DE VINGLES, Escuyer, pour ses seigneuryes de Quemigny, Quemignerot, Cosne [2] et Billy, de valeur de revenu annuel de vingt cinq livres, selon la déclaration en baillée.

Deffault a esté octroyé contre ledict de Vingles, avec saisye de ses seignoryes en la main du Roy, saufz quinzaine.

Et depuys, le dixseptiesme dudict mois d'octobre, jour de ladicte quinzaine, a esté dict que lesdictz deffault et saisye tiendront, à faulte de s'estre représenté ledict de Vingles, en personne ou par procureur.

Et le vingt sixiesme jour dudict moys d'octobre oudict an, Jouvenol pour ledict de Vingles a dict que ledict de Vingles n'avoit sceu la convocation première et seconde dudict ban et arriereban, au moings dedans le temps qu'elles auroient esté ordonnées, touteffois, comme il veult rendre tout service et obéissance au Roy, comme à son souverain et naturel Seigneur, il offre de faire contribution en deniers pour et à la concurrence de la valeur de son fiefz, ou fournir un homme capable et suffisant pour faire service personnel en son lieu, en luy fournissant deniers suyvant les edictz du Roy au faict dudict ban et arriereban, pource que son fiefz ne porte, comme il n'est de grande valeur, que l'ung seul puisse faire le service tel que lesdictes ordonnances le portent et requièrent.

Le procureur du Roy a dict que ledict de Vingles remonstre à tard ce que dessus et qu'il ne peult ou doibt estre reçeu à servir par substitution, si que les deffault et saisye contre luy octroyez doibvent tenir et qu'il luy doibt estre enjoinct et ordonné de faire ce à quoy il est obligé pour son fiefz envers ladicte Majesté, remonstrant qu'il se treuve que d'aultres que luy tiennent à Quemigny et neantmoings aulcun ne se présente ny s'est présenté es précédantz arrierebans,

---

1. Bellenot-sous-Origny, comm. du canton d'Aignay-le-Duc. Il s'agit ici du simple *fief de Moncrif*, qui a appartenu aux de Moncrif (1568), Espagnol, Léauté (1780), étant placé dans la mouvance de la baronnie de Bellenot, qui était elle-même un membre du comté d'Origny et a presque toujours appartenu aux mêmes seigneurs. Voy. plus haut l'article D'ORIGNY. Courtépée, p. 246.

2. Quemigny-sur-Seine, comm. du cant. d'Aignay-le-Duc. Seigneurie relevant du roi, en la châtellenie de Duesme. En 1292, Miles de Quemigny vend au duc le fief que Guillemin le Bonnot tenait de lui à Quemigny, excepté ce que ce dernier tenait en fief de Guillemin de Montoillot. Des portions de la seigneurie ont été possédées par les de Cusigny, de Mypont (1361), de Loiges (1368), Duret (1372-1473), de Latrecey, de Rochetaillée, de Poitiers (1391), Ruchot (1404), de Lugny, de Saint-Mesme (1411), de Viry (1473), Rolin (id.), de Vingles (1537), de Bousseval (id.), de Forlin (1539), de Rudefür 1540), encore de Vingles en 1568, de Bousseval (id.), de Brazey (id.), de Gand (1632). En 1666, le sieur Viart, seigneur, le sieur Baillet de Vaugrenant, seigneur haut justicier; puis on trouve les du Chatelet en partie (1679); des Viart, la seigneurie passa aux Fournier (1731), Bruant de Carrières, Morel de Corberon (1743), Guenichon (1757), ces derniers seigneurs engagistes de Duesme. — *Rec. Peincedé.*

Quemignerot, dépendance de Quemigny. A appartenu en partie aux mêmes seigneurs.

Cosne, dépendance de Quemigny. Anciens seigneurs : de Thar (1247), de Chatoillenot (1277), de Nuis, de Montoillot (1292), de Saulx, en partie (1372). En 1302, Jean de Châteauvillain vend au duc Robert sa terre de Cosne qu'il tenait en franc-alleu. Cosne devint une dépendance de la châtellenie de Duesme possédée par les mêmes seigneurs engagistes; les de Vingles, Brigandet, de Brazey en ont possédé des démembrements au XVIe siècle; les Viart au siècle suivant. — *Rec. Peincedé.* Nous donnerons plus loin la notice de Duesme.

cause pour laquelle les saisyes ordonnées doibvent de tant plus tost tenir, à ce qu'il vienne à congnoissance s'il y aura eu mutation ou chose au moyen de laquelle préjudice ayt esté faict aux droictz et autoritez du Roy.

A esté dict qu'il contribuera en deniers, et ne sera reçeu à bailler personne en son lieu pour faire service personnel, et neantmoings que les saisyes ordonnées tiendront. — XI ltz.

Contribue en deniers. — PIERRE DE BOUGARD, à Arstilly, Bailliaige de Nivernoys, pource qu'il tient en fiefz à Tursey et Varrey[1], ressort de ce bailliaige, de valeur de soixante à quatre vingtz livres.

Deffault a esté octroyé contre ledict de Bougard, avec saisye de son fiefz en la main du Roy saufz quinzaine.

Et depuys, le dixseptiesme dudict moys d'octobre, jour de ladicte quinzaine, a esté dict que lesdictz deffault et saisye tiendront, à faulte de ne s'estre ledict de Bougard re-

1. Turcey, comm. du cant. de Vitteaux, arr. de Semur. En 1200, Eudes de Mirebel, Jean de Bar, Renaud de Turcey, Guillaume de Verrey et Garnier de Brognon tenaient en fief à Turcey du sire de Sombernon, et en arrière-fief de l'abbaye de Saint-Seine. En 1205, Guillaume de Turcey céda à l'abbaye la seigneurie, c'est-à-dire la mouvance de son fief de Turcey, dont la maison ou château était *rendable et jurable* aux religieux, comme il résulte de lettres de 1238. C'est sans doute ce fief qui était connu sous le nom de *seigneurie de la Tour*, et, après avoir appartenu aux de Turcey jusqu'au milieu du XIVe siècle, passa aux Pestot d'Étaules (1362), de Quarrières (1473), Bougard (1534), de Loisy (1611), de Marguenat (1666), de Frasans (1685), Duval d'Essertenne (1780). Le seigneur y avait justice moyenne et basse; la justice des vassaux de mainmorte ressortissait *recta* au bailliage de Châtillon. La haute justice et la seigneurie du reste du village appartenaient à l'abbaye; *fief de la Bassole*, aliéné en 1600, rentré à l'abbaye en 1655. — *Rec. Peincedé. Déclaration de 1666.* Courtépée, p. 293.

Verrey-sous-Salmaise, comm. du cant. de Flavigny. Seigneurie relevant du roi en toute justice; une partie était domaniale et a été pendant longtemps unie à la châtellenie de Saumaise. Anciens seigneurs du nom (XIe, XVe siècle). En 1307, le sire de Mont-Saint-Jean y tenait en franc-alleu. Depuis le XIVe siècle, les seigneurs de la partie patrimoniale ont été les de Reffay (1372), de Jaucourt, (id.), de Dracey, en partie (avant 1405), de Quarrières, de Bournonville (1450), Julien (1480), Bougard, de Thésut (XVIe-XVIIIe siècle); les Bizouard, Danchemant (1666), de Marguenat (id.), de Frasans, ont possédé en même temps des portions de la seigneurie; au dernier siècle les de Thésut avaient réuni les deux parties patrimoniale et domaniale. *Rec. Peincedé.* Courtépée, p. 293.

présenté en personne ou par procureur. — XVII ltz X stz.

Contribue en deniers. — CLAUDE DE LONVAY, pource qu'il tient en fiefz à Origny, de valeur par la déclaration qu'il en a baillée le premier jour d'apvril mil cinq cens cinquante sept, de vingt livres.

Deffault a esté octroyé contre luy, avec saisye de son fiefz, saufz quinzaine.

Laquelle advenue, il n'a comparu, pourquoy a esté dict que lesdictz deffault et saisye tiendront. — V ltz.

Contribue en deniers. — LOYS DU VAL et BAPTISTE DU BAN, Seigneurs pour partye de Vennaires et la Feuillée les Chastillon[1], de valeur de revenu annuel de vingt livres.

Idem, deffault et saisye de leurs seigneuryes en la main du Roy, à faulte de comparition à la première et seconde convocation. — LXV stz.

Baptiste du Ban et la demoiselle sa mère pour leur seignorie de Vennaires et la Feuillée. — LXV stz.

Exempt. — JEHAN DE CHAMPIGNY, Escuyer, ou nom et comme mary de Rose de Vallée, mère ayant la garde noble de feu Benigne Deschamps.

JEHAN DE VILLIERS, marý de Marguerite Deschamps.

JEHAN DE VOUGREY comme ayant la garde noble de ses enffantz.

GÉRARD DANDRESSON...

Et CLAUDE GUICHART, pour leur seigneurye de Rouelle, de valeur de revenu annuel de soixante livres.

Deffault a esté octroyé contre les suznommés avec saisye de leur seignorye en la main du Roy, saufz quinzaine.

Et depuys pource qu'ils ne se sont représentez à ladicte quinzaine, a esté dict que lesdictz deffault et saisye tiendront, et neantmoings seront contraincts de contribuer en deniers.

Et pource que depuys il a esté certiffié et attesté qu'il est homme d'armes de la compaignye Monsr le Conte de Vauldemont, estant de présent avec ladicte com-

1. La Feuillée, près Châtillon. Fief en toute justice, relevant du roi, a appartenu aux de Masilles (1500), Duban, en partie (1530), et du Val, id. (1568), Porcherot, id. (1572), Duban, pour le tout (1610), de Chatenay (1765.) — *Rec. Peincedé*

paignye, employé au service de Sa Majesté, a esté tenu pour exempt.

Contribue en deniers. — GERARD DANDRESSON, *mary et administrateur des corps et biens de Françoise Le Certain, sa femme (les mots soulignés sont effacés)*, pour son fiefz de Giey [1], de valeur, selon la déclaration en baillée, de quatorze livres.

Siredey, pour ledict Dandresson, a offert de contribuer en deniers, heu esgard à la modicité de son fiefz, à quoy il a esté reçeu et fournira les deniers es mains du recepveur dedans huictaine, à peine de saisye. — LVI stz.

Exempt. — JEHAN DE BOUSSEVAL, Escuyer, Seigneur de Villiers les Haultz, cappitaine du chasteau de Dijon, pour la portion de seigneurye qu'il tient au lieu de Quemigny.

Deffault a esté contre luy octroyé avec saisye de son fiefz, saufz quinzaine, laquelle advenue, comme il ne s'est représenté, a esté dict que lesdictz deffault et saisye tiendront, et neantmoings il sera contrainct de contribuer en deniers et représenter la déclaration de la valleur de son fiefz, ou la bailler de nouveau, pource qu'il ne se treuve qu'il en ayt baillé aulcune.

Et depuys, pource qu'il a esté certiffié et attesté qu'il est cappitaine du chasteau de Dijon, ce aussi qui est notoire, a esté tenu pour exempt [2].

Contribue en deniers. — JEHAN DE CHISSEY [3], Escuyer, pour sa portion de seigneurye de Chissey [4], vaillant, par la déclaration qu'il en a baillée, de revenu annuel, quarante livres.

Idem, deffault et saisye, saufz quinzaine, à laquelle ne s'estant représenté, a esté dict que lesdictz deffault et saisye tiendront, et neantmoings qu'il contribuera en

deniers et sera contrainct à ce. — VIIJ ltz.

Contribue en deniers. — JEHAN DE LA PERRIÈRE, Escuyer, mary et administrateur des corps et biens de Yzabeau de Gommier, sa femme, et NCOLAS DE LA PERRIÈRE, aussi Escuyer, son filz, mary de Edmunde des Champs, et comme ayant droict de Jehan de la Thonière, pour leur portion de seigneurye de Menesbles, vaillant de revenu annuel douze livres.

Idem, deffault et saisye saufz quinzaine, à laquelle ne s'estant représenté, a esté dict que lesdictz deffault et saisye tiendront, et neantmoings qu'il contribuera en deniers et sera contrainct à ce. — LXXVIIJ stz.

Contribue en deniers. — DAMOISELLE CATHERINE DE MONTEREUL, vesve de feu Creslien de Longvai, pour ses seigneuryes de Vaulbusin [1] et Billy pour partye, de valleur de revenu annuel, par la déclaration qu'il en a baillée le premier d'apvril mil cinq cens cinquante sept, de soixante dix livres tz.

Idem, deffault et saisye saufz quinzaine, à laquelle ne s'estant représentée ladicte Damoiselle, a esté dict que lesdictz deffault et saisye tiendront, et neantmoings qu'elle contribuera en deniers et sera contraincte à ce. — XIIIJ ltz.

Contribue en deniers. — MESSIRE THOMAS DE PLAINE, Chevalier, ou nom et comme ayant la garde noble de feu Messire Claude de Plaine, aussi Chevalier, demeurant au Conté de Bourgoingne, pays de l'obeissance du Roy d'Espaigne, pour les seigneuryes de Courcelles et Chameroys [2]

---

1. Il s'agit ici d'un fief dit *la Maison-es-Bonnerot*, relevant de Giez-sur-Aujon, et situé dans ce village. Il a appartenu aux Le Certain, de Handresson (1568), Jacquot (1585), Lespérance (1681). Giez-sur-Aujon, comm. du cant. d'Auberive, était une dépendance de la seigneurie de Châteauvillain, puis du marquisat d'Arc-en-Barrois, uni, comme on l'a vu plus haut, au duché-pairie de Châteauvillain. — *Rec. Peincedé.*

2. Étaient seuls exempts les capitaines des villes frontières ou de défense; les autres non. Ord. du 9 février 1517, art. 25; règlement du 25 février 1553, art. 21.

3. Peut-être faut-il lire : de Gissey.

4. Il faut lire : Gissey. Voyez plus haut l'art. de ce village.

1. Vaubusin, hameau vers Frolois. Fief relevant de Frolois, dont les seigneurs y avaient haute, moyenne et basse justice, suivant un dénombrement de 1372. Seigneurs du nom au XIVe siècle. En 1473, les de Mailly et de la Baume y tenaient en fief; en 1568, aux de Montereul, de Montereul-Longuai; en 1677, aux de La Grange. Au dernier siècle le fief était réuni à la seigneurie de Frolois. — *Rec. Peincedé.* Courtépée, p. 271.

2. Courcelles-sur-Aujon, comm. du cant. d'Auberive. Ancienne baronnie qui était un fief de l'évêque de Langres, comme il résulte de lettres données en 1293, par Simon de Châteauvillain, qui en était seigneur. Elle a appartenu aux maisons de Châteauvillain (XIIIe siècle), de Saulx, de Châteauneuf (1366), de Ray (1391), de Plaine (1447); réunie au marquisat d'Arc vers le commencement du XVIIe siècle. Le seigneur portait le nom de baron de Courcelotte. — *Rec. Peincedé.* Jolibois, p. 169. — Portion de Chamerois. Voyez plus haut l'art. de JEHAN DE CHATELET.

estantz assiz soubz le ressort de ce bailliaige et qui appartiennent ausdictz enffantz, et vaillent par déclaration en baillée,
de deux à trois centz livres.

Pasquier a remonstré pour ledict Seigneur que ledict Seigneur ny les enffantz
desquels il a charge résident es pays de
l'obéissance du Roy, offre neantmoings ledict Seigneur de contribuer comme ja il
a faict l'an passé, s'il est de nous dict et ordonné que les deniers qu'il a fournis es
mains du recepveur ne luy tiendront lieu
pour la présente année.

A esté dict qu'il contribuera en deniers
selon et à la concurrence qu'il a faict du
passé. — LV ltz.

Contribue en deniers. — EVANDELIN
SYMON DE CUSANCE, pour sa seigneurye de
Darcey[1] et choses en deppendant, qui
vault de revenu annuel par la déclaration
en baillée par feu Jehan de Cusance à son
vivant Bailly dudict bailliaige de la Montaigne, de trois à quatre centz livres, et
pource qu'il a acquis en fiefz à Billy, de
Quantin Turpin, Chrestien de Longvel et
Claude de la Porte, de valeur de revenu annuel de cinquante solz.

Siredey, assisté de Jehan de la Cave,
procureur et recepveur dudict de Cusance
audict Darcey, a remonstré qu'il est notoire
que ledict de Cusance a son principal lieu
et demeurance au Conté de Bourgoingne,
pourquoy il ne peult estre tenu à service
personnel, offre neantmoings de contribuer
en deniers selon que ses aucteurs et luy
ont faict du passé.

A esté dict qu'il contribuera en deniers
et les consignera es mains du recepveur à
ce commis dedans huict jours, à peine de
saisye de ses seigneuryes es mains du Roy,

à quoy faire et souffrir il sera constrainct. —
LXX ltz.

Contribue en deniers. — MESSIRE JEHAN
BAPTISTE DANDELOT, Baron de Jonvelle,
Seigneur d'Olan au Conté de Bourgoingne,
pour ses seignoryes de Mignot et Thorey[1],
ressort de ce bailliage de la Montagne, de
valeur de revenu annuel de trois à quatre
centz livres par la déclaration en baillée.

Siredey, asssisté de Pierre Vyart recepveur dudict Seigneur à Mignot, a remonstré que la demeurance d'icelluy Seigneur
est au Conté de Bourgoingne, pays de l'o-
béissance du Roy catholique, pourquoy il
ne peult estre tenu à service personnel, offrant contribuer en deniers selon la valeur
de ses fiefz, selon que ses autheurs et luy
ont faict du passé.

A esté dict qu'il est reçeu à son offre
et qu'il consignera ses deniers es mains du
recepveur à ce commis deans huict jours à
peine de saisye de ses seigneuries. — LX ltz.

---

1. Darcey, comm. du cant. de Flavigny. Seigneurie
relevant du roi. Anciens seigneurs : les de Brancion
(XIIe siècle), de Choiseul, lesquels vendirent en partie
au duc en 1250 ; en 1323, Anxeau de Montbar, dont les
héritiers cédèrent aussi leur portion au duc ; de là la
partie domaniale depuis aliénée. Seigneurs de la partie
patrimoniale : de Saint-Julien, en partie (1337), de
Frolois (1350), de Darcey (1361), de Chaudenay, pour
la plus grande partie (1365). En 1410, on trouve les de
Fontaines, de Gaies et de Chaudenay ; depuis les de
Beaujeu, de Cusance (1487-1568), de Barnault, en partie (1480), Le Grand, id. (1525), de Montmartin. Turpin,
de la Porte, de Longvel. Les de Cusance réunirent toute
la seigneurie qui passa aux de Clugny (XVIIe-XVIIIe siècle). — *Rec. Peincedé.* Courtépée, p. 263.

1. Minot, comm. du cant. d'Aignay-le-Duc. Anciens
seigneurs : de Grancey (1229), de Minot (1240). En
1317, Guillaume de Bures donne au duc ce qu'il possède à Minot. En 1314, Jean de Mignoul, chevalier,
cède au duc sa terre de Mignoul étant du fief dudit
duc, à titre de *gaigerie* ; cette *gaigerie* fut cédée par le
duc à Alexandre de Blaisy qui, en 1328, tenait en outre
une portion de la terre de Minot et le fief de Jehan
de Mignot. En 1364, le même Alexandre de Blaisy
rend hommage au duc pour tout ce que tiennent de lui
Philibert de Blaisy, Eudes de Vantoux et Eudes de
Savoisy ; ce dernier possédait un fief qui avait anciennement appartenu aux de Briois, et dont la mouvance
était en débat entre les Blaisy et les de Vantoux, ce
qui autorisa Eudes de Savoisy à donner directement sa
déclaration au duc en 1372. Autres seigneurs en partie :
de Quincey (1366), d'Angoulevent (1387) de Voulaines,
de Chatoillenot (1388), de Gemeaux (1391), de La Le-
melle (1392), Bouton, qui possédaient la partie venant
des Savoisy (1403), de Vaudrey, pour le tout (1473), Le
Blanc (1540), d'Andelot (1568), de Guierche-d'Andelot
(1622). En 1637, Minot fut confisqué sur Nicolas-Louis de
Guierche-d'Andelot, gentilhomme comtois, et donné à
Jacques de Longueval, pour l'indemniser de la perte de
son château de Rigny, près Gray, qui avait été brûlé,
et sa terre confisquée par les Comtois ; ensuite les Porcherot (1694), Mairetet (1695). — *Rec. Peincedé.* Courtépée, p. 279.

Thorey-les-Fermes, dép. de la comm. de Minot. En
1315, Jean de Charny reprend du duc la ville de Thorey
vers Mignoul, que les seigneurs de Mignoul tenaient
de lui en fief. Quelques seigneurs en partie au XVe siècle :
de Chatenay, Le Breton, Le Berruyer, de Pontaillier,
Avrillot. Il paraît bien que la mouvance entre les de
Charny ; car depuis 1371 on voit sans cesse les seigneurs
de Minot reprendre directement des ducs et des rois
pour la seigneurie de Thorey unie à celle le Minot. Séparément aux Fleutelot, de 1695 à 1739. — *Rec. Peincedé.*

Contribue en deniers. — Françoys de Gand, Escuyer, demeurant à Vernoil, pour sa seigneurye d'Averlanges, de valeur de revenu annuel, par la déclaration en baillée par son feu père, de vingt cinq livres.

Deffault a esté octroyé avec saisye d'icelle seigneurye es mains du Roy, saufz quinzaine, laquelle escheue et advenue, comme il ne s'est représenté ou aultre pour luy, a esté dict que lesdictz deffault et saisye tiendront et qu'il sera tenu de consigner deniers et les mectre es mains du recepveur à ce commis, et contrainct à ce faire et souffrir comme des propres deniers et affaires du Roy. — v ltz.

Exempt. — Françoys de Gand, filz de feu Pierre de Gand, à son vivant gentilhomme de la vénerie du Roy, demeurant à Chastillon, pource qu'il tient en fiefz à Brion de valeur, par la déclaration en baillée, de revenu annuel de quinze livres.

L'advocat Champeau a remonstré qu'il est gentilhomme de la vénerie du Roy, et avec ce il est archer en la compaignye de Monsr le Conte de Vaudemont, couché en l'estat et actuellement payé, pourquoy il doibt estre exempt.

A esté dict que deffault et saisye sont octroyez contre luy, saufz quinzaine, laquelle advenue comme il ne s'est représenté ou aultre pour luy, a esté dict que ladicte saisye tiendra et qu'il contribuera en deniers à la concurrence de la valleur de son fiefz, saufz que s'il faict apparoir dedans douze jours comme il est employé en la charge d'archier en la compaignye dudict Seigneur Conte de Vaudemont, d'ordonner ce que de raison.

Et depuys pource qu'il a esté certifié et attesté qu'il est archier en la compaignye de Monsr le Conte de Vaudemont, estant de présent au service du Roy avec ladicte compaignye, il est tenu pour exempt.

Jacques de Gand exempt. — Les aultres contribueront en deniers. — Jehan et Jacques de Gand, frères, et les vesve et héritiers de feu Estienne de Gand, pour leur seigneurye de Chalevosson[1], de valleur par la déclaration en baillée de trante livres.

Deffault et saisye de leur dicte seigneurye es mains du Roy, saufz quinzaine.

Et comme ilz ne se sont représentez en personne ou par procureur au dixseptiesme dudict moys d'octobre, jour de ladicte quinzaine, a esté dict que lesdictz deffault et saisye tiendront et neantmoings seront contrainctz de fournir deniers es mains du recepveur à ce commis, à la valleur et concurrence de leurs fiefz. — IIIJ ltz.

Et depuys ledict Jacques de Gand a faict apparoir comme Monsr de Ventoux, lieutenant pour le Roy au gouvernement de Bourgoingne en l'absence de Monseigneur le Duc d'Aumalle, gouverneur, et de Monsr de Tavannes, luy a baillé la garde de par le Roy du chasteau de Villeines appertenant à Monsr le Prince de Condey, a esté pour son regard déclairé pour le présent exempt soubz le bon vouloir du Roy.

Contribue en deniers. — Jehan de Chasan, Escuyer, pource qu'il tient en fiefz à Mercenay[1], de valeur en revenu annuel de vingt cinq solz, par la déclaration en baillée.

Deffault a esté octroyé avec saisye du fiefz dudict de Chasan, saufz quinzaine, à laquelle, comme il ne s'est représenté, a esté dict que ledict deffault et saisye tiendront, et neantmoings qu'il sera contrainct de contribuer en deniers à la concurrence et valleur de son fiefz. — v slz.

Contribue en deniers. — Maistre Bonadventure Regnier, Escuyer, pour sa seigneurye de Romprey[2], de valeur en revenu annuel de six vingt livres, de Latrecey, de

---

1. Chalvosson, dép. de la comm. de Villaines-en-Duesmois. Seigneurie relevant en toute justice de Savoisy, a appartenu aux de Chasan (1373), de Nogent et Baudot (1473), de Gand (1568), Viart (1590). — *Rec. Peincedé*.

1. Marcenay, comm. du cant. de Laignes. Le duc Eudes Ier donna Marcenay à l'abbaye de Molesme en 1082; en 1789, ce village formait une seigneurie relevant du roi et appartenait à la même abbaye. Certaines parties de la seigneurie étaient restées laïques jusqu'au milieu du XIVe siècle; possédées par les de Bissey (1299), de Lée (1312); ceux-ci tenaient du duc la Tour de Marcenay qui était *jurable et rendable*. En 1328, le duc céda aux religieux tout ce qu'il possédait à Marcenay, ne s'en réservant que la garde. Jehan de Chasan possédait sans doute un petit fief relevant de l'abbaye. — *Rec. Peincedé*. Courtépée, p. 276.

2. Romprey, dép. de Bure-les-Templiers, comm. du cant. de Recey-sur-Ource. En 1803, Eudes de Grancey céda ce fief aux Templiers, en s'en réservant la garde et la haute justice; depuis aux Hospitaliers; sous-inféodé aux de Biais (XIVe siècle), d'Avelange (id.), de Rochefort (1387), de Baillo, en partie (1474), de Champaigne, Regnier (1490), de Senevoy, Fleutelot et Garnier (1666), Rémond (1688), de Chatenay (1738). *Rec. Peincedé*. Courtépée, p. 255.

cinquante livres, Bussières et Busserotte [1], de cent livres, et pource qu'il a acquis de Guillaume de Champaigne, de vingt cinq livres, revenant le tout à trois centz cinquante et cinq livres.

Ledict Regnier, sur l'offre qu'il a faicte en sa personne de contribuer en deniers, ainsy qu'il a faict du passé, a esté reçeu à son offre et luy a esté enjoinct de les fournir es mains du recepveur commis à ce deans huict jours à peine de saisye de ses seigneuryes et estre à ce contrainct. — xxxvj ltz.

Exempt. — MAISTRE PHILIBERT JACOB [2], Président en la Chambre des comptes du Roy à Dijon, pour sa seigneurye de Courcelles [3], et pour le Pré-Faneau [4], qu'il tient en fiefz du Roy, le tout estant de valeur par la déclaration en baillée le premier jour d'apvril mil cinq cens cinquante sept, de deux cens livres.

Pasquier a rémonstré que ledict Seigneur Président, en vertu des privileiges octroyés du Roy à la Chambre des comptes, doibt estre exempt de service et contribution en deniers au ban et arriereban, suyvant lesquelz privileiges qui ont esté dez pieça produictz et enregistrez es registres de ce bailliaige, ceulx de ladicte Chambre, en tous bans et arrierebans qui ont esté ordonnés du Roy, ont esté exemptez, ce qu'il requéroit encores estre de nous dict et ordonné.

Le procureur du Roy a dict qu'il remectoit à nous d'ordonner sur l'exemption prétendue par ledict Sr Président.

A esté dict que, les privileiges veuz,

sera de nous ordonné ce que de raison.

Et depuys, lesdictz privileiges produictz par le Seigneur de Montmoyen veuz, a esté déclairé pour le présent exempt soubz le bon vouloir du Roy.

Exempt. — MAISTRE CLAUDE REGNIER, Escuyer, aussy Président en ladicte Chambre des comptes, pour ses seigneuryes de Montmoyen [1], de valeur de revenu annuel de sept vingt livres, Vesvrottes [2], de valeur de revenu annuel de quatre vingt livres, et pource qu'il tient de fiefz à Mosson [3], de valeur de dix livres, faisant le tout deux centz soixante livres.

Champeau a faict telles et semblables remonstrances qu'ont esté faictes par ledict Pasquier pour ledict Sr Jacob, requérant avoir déclaration qu'il est exempt de service et contribution au ban et arriereban.

A esté dict que, les privileiges veuz, il y sera ordonné.

Et depuys, ledict Sr de Montmoyen, tant pour luy que pour ceulx qui sont de la Chambre des comptes à Dijon, ayantz seigneuryes soubz le ressort de ce bailliaige, a produict un certifficat du vingtcinquiesme octobre mil cinq cens soixante huict, signé : Juret, par lequel il est attesté et certifié que ledit Sr de Montmoyen est Président en ladicte Chambre des comptes à Dijon, à

1. Bussières, comm. du cant. de Grancey. Relevait de Grancey en toute justice. A appartenu au xive siècle aux de Saigny, le Guespet, de Flavigny, de Biais, de Collon ; depuis, avec Busserotte, aux Regnier et aux Fleutelot. Voy. l'article de GUILLAUME DE HAULTEMER. — *Rec. Peincedé.*

2. Lisez : Jaquot.

3. Courcelles-les-Rangs, dép. de la comm. de Montliot, cant. de Châtillon. Anciens seigneurs du nom (xiie siècle). Seigneurie relevant de Larrey en toute justice. A appartenu aux familles de Grancey (xive siècle), de Vienne, par alliance, vers 1372; Rolin (1464), d'Ostun, Le Grand (1527), Jaquot (1568), Bertault de Chasteau (1666), Chevalier (1682), Duret, Le Bascle d'Argenteuil (1720). — *Rec. Peincedé.* Courtépée, p. 260.

4. Pré-Faneau, pièce de pré de sept arpents, dans la prairie de Châtillon. C'était un fief relevant du roi en toute justice. Il a appartenu aux de La Folie, Rouceline de Molesme (1389), de Rochefort (1391), d'Ostun, Legrand (1527), Jaquot (1557), de Michaut, de Rémond (xviie siècle), Le Maistre (1666) ; légué, en 1675, à l'hôpital Saint-Pierre de Châtillon. — *Rec. Peincedé.*

1. Montmoyen, comm. du cant. de Recey-sur-Ource. Était dans la mouvance de Rochefort-sur-Brevon. A appartenu aux de Montmoyen (xiie, xiiie siècle), Drones (1330), de Rochefort en partie directement, conservant la mouvance sur les autres parties qui étaient possédées, en 1391, par les de La Rochelle, de Voulaines, de Saint-Remi. Autres seigneurs en partie : de Pontaillier (1372), de Foissy (1457), de Chauvirey, de La Ferté (1476), Regnier (1492). Les Regnier réunirent le tout en 1513, et acquirent, en 1577, de la famille de Longuai, les *fiefs de Grand-Bois et Hierces;* depuis les Coquet (1632), et de Massol (1655). — *Rec. Peincedé.* Courtépée, p. 280.

2. Vesvrottes, dép. de la comm. de Fraignot, cant. de Grancey. Seigneurie relevant de Grancey, possédée par les de Baudoncourt (1387); avec Bussières, par les de Collon, de Saigny, le Guespet au xive siècle; puis les Regnier, Dimanche (1608), Berbis (1666), Fleutelot. — *Rec. Peincedé.* Courtépée, p. 266.

3. Mosson, comm. du cant. de Châtillon. Seigneurie relevant du roi. A appartenu en partie aux de Saffres (xive siècle), de Villesurarce, par alliance avec les Saffres (1372), de Saigny (1448), et de Cleron (1499), seigneurs de Saffres; de Lantage (1503), Regnier (1547), d'Odax, de Ferrières, de Montcleret (xvie siècle) de Gand (xviie siècle), Le Gastelier (1647), du Meix (1708), Vaillant de Savoisy. Une partie de la justice à l'évêque de Langres. — *Rec. Peincedé.*

cause de quoy et des privileiges octroyez du Roy à Messieurs les Présidentz, Maistres des comptes et aultres officiers d'icelle Chambre, ilz auroient tousjours esté exemptez du ban et arriereban, et même à la convocation d'icelluy ban et arriereban faicte oudict Dijon ou présent mois d'octobre, ledict Sr de Montmoyen et autres M^{es} de ladicte Chambre auroient esté déclairez exemptz; a produict aussi une coppie collationnée à l'original de certaines lettres patentes données du Roy Henry à Paris, le vingt huictiesme d'apvril mil cinq cens cinquante huict[1]. par lesquelles le Roy déclaire qu'il n'entend que les Présidentz, Conseilliers de sa Court de Parlement, M^{es} des comptes de sa Chambre à Dijon et aultres ses officiers en ladicte Court et Chambre des comptes soient tenuz à contribuer ou faire service audict ban et arriereban, et si a (pour monstrer que à Sens Me Pierre Millet, Conseillier du Roy, et M^e ordinaire en ladicte Chambre des comptes à Dijon, a esté soubz considération que dessus exempté au bailliaige de Sens dudict ban et arriereban) produict l'acte sur ce expedyé audict Millet le vingt sixiesme octobre mil cinq cens soixante huict, veu lesquelles pièces, ledict Sr de Montmoyen demeure exempt soubz le bon vouloir et plaisir du Roy.

Exempt. — MAISTRE NICOLE LE GRAND, Conseillier et Maistre extraordinaire pour le Roy en sa Chambre des comptes audict Dijon, pour sa seigneurye de Sainte-Colombe[2], de valeur en revenu annuel de cent trois livres six solz huict deniers tz.

1. Voy. aussi Lettres de François Ier du 24 mai 1527. *Registre blanc de la Chambre des comptes de Dijon,* fol. 146. Arch. de la Côte-d'Or. Le privilége d'exemption de l'arrière-ban était commun aux membres de toutes les cours souveraines du royaume : Parlements, Grand conseil, Chambres des comptes, Cours des aides, Cours des monnaies, Conseils souverains et Bureaux des finances, et aux secrétaires du roi. Voy. édits, déclarations, etc., de 1479, 1482, 1499, 1519, 1540. — Ajoutons qu'un certain nombre de bourgeois des grandes villes jouissaient d'une semblable exemption. La Roque, chap. VIII. Voy. plusieurs édits, déclarations, etc., de 1270, 1302, 1465, etc.

2. Sainte-Colombe-sur-Seine, comm. du cant. de Châtillon. Seigneurie relevant de Larrey. En 1276, le duc de Bourgogne cède aux sires de Grancey le fief de ce que les seigneurs de Larrey tenaient de lui à Sainte-Colombe et à Courcelles-les-Rangs. Les de Larrey y avaient un domaine direct et des arrière-fiefs ; en 1408 les Grancey, puis les Rolin (1464), Regnier, d'Ostun, Legrand (1527), Viesse (1704). — *Rec. Peincedé.*

Me Hugues Parize a remonstré que ledict Le Grand est privilégié de même que les Présidentz et Maistres des comptes à Dijon, qui, par privileige spécial du Roy, sont exemptez du ban et arriereban.

A esté dict qu'il y sera ordonné, les privileges veuz.

Et depuys avoir esté veu ce qui a esté produict par le Seigneur de Montmoyen, l'ung des Présidentz en ladicte Chambre des comptes, a esté dict que ledict Legrand demeure pour le présent exempt, soubz le bon vouloir du Roy.

Contribue en deniers. — Me VORLE GARNIER, Procureur du Roy en sa grurie de Bourgoingne, demeurant à Villiers le Duc, et JHEROSME BONNOT, marchant à Chastillon, comme maryz et administrateurs du corps et biens de Gillette et Marye Fyot, leurs femmes, héritières de feue Damoiselle Marye Maserot, pource qu'elles tiennent du Moulin-Rouge, près Chastillon[1], qui vaut par communes années, selon la déclaration qui en a esté par cy devant baillée par ladicte Maserot, de six à sept septiers de grains.

Ledict Garnier, en sa personne, pour luy et ledict Bonnot, a fait offre de contribuer en deniers, à quoy il a esté reçeu et lui a esté enjoinct de fournir es mains du recepveur à ce commis deans huict jours, à peine de saisye et neantmoings estre contrainct à ce. — XXV stz.

Contribue en deniers. — JEHAN MENESTRIER et consortz, héritiers de Jehan bastard de Sicons, pource qu'ilz tiennent en fiefz au lieu de Vaulx[2], de valeur de revenu annuel, par la déclaration qu'ilz en ont baillée le premier d'apvril mil cinq cens cinquante sept. de huict livres trois solz neufz deniers.

Deffault a esté à l'encontre d'eulx octroyé,

1. Moulin-Rouge, près Châtillon. Moulin situé sur la Seine. C'était un fief relevant directement du roi, en la justice seigneuriale de Sainte-Colombe; possédé par les de Foissy (1372), Paris de La Jaisse (1384), Fyot (1525), de Vingles (1530), Maserot, Garnier et Bonnot (1568), Fyot en partie (1600), Simonnot, id., Porcherot, en partie, puis en entier, Legrand (1660), Viesse (1704). — *Rec. Peincedé.*

2. Il s'agit sans doute ici d'un arrière-fief dépendant soit de Vaulx-sous-Origny (comm. de Bellenot-sur-Seine), qui était uni à la seigneurie d'Origny, soit de Vaulx-Saint-Seine, ou Vaulx-Saules, comm. du cant. de Saint-Seine, arr. de Dijon, dont la seigneurie appartenait à l'abbaye de Saint-Seine. Nous ne connaissons point d'autre Vaulx dans le Châtillonnais.

dict et déclairé qu'ilz seront contrainctz de contribuer en deniers à la concurrence de ladicte somme de viij ltz iiij s. ix ds. dedans quinze jours es mains du recepveur à ce commis, à faulte de quoy faire, lesdictz quinze jours passez, saisye de leur fiefz est à l'encontre d'eulx octroyée, et neantmoings seront executez à leurs frais. — xv stz.

Contribue en deniers. — Me ESTIENNE COUSSIN, Procureur au Parlement à Dijon, pour ses seignories de Billy et Courponay[1], de valeur. par la déclaration en baillée le premier jour d'apvril mil cinq cens cinquante sept, scavoir ledict Billy, de quinze livres, et ledict Courponay, de vingt cinq livres.

Edme Coussin a dict avoir charge dudict Me Estienne Coussin de dire et remonstrer que ledict Courponay estoit allodial et de franc alleuf, pourquoy n'estoit tenu pour ce regard à service ou contribution en deniers[2].

Le procureur du Roy a dict que ledict Coussin et ses aucteurs ont tousjours du passé pour le regard dudict Courponay, faict service ou contribué en deniers.

A esté dict que ledict Coussin sera tenu tant pour ledict Courponay que pour ledict Billy, fournir deniers es mains du recepveur à ce commis, comme il a faict du passé. — x ltz.

Contribue en deniers; Jeanne Boisseau[3]. — DAMOISELLE ELISABEL BOISSEAU, femme du Seigneur de Laraignye, advocat au grand conseil du Roy, et JEHANNE BOISSEAU, sa sœur, vesve de feu Charles Martin, Escuyer, et à présent femme de Claude de Letoux, dict de Pradines, sieur de Poinssons, pour leur seigneurye de Berjon[4], de valeur

de revenu annuel, par la déclaration en baillée, de quarante huict livres.

Deffault a esté octroyé, avec saisye de ladicte seigneurye de Berjon, saufz quinzaine, advenue laquelle quinzaine escheant le dix-septiesme du présent mois d'octobre, a esté dict que lesdictz deffault et saisye tiendront et neantmoings seront contrainctes lesdictes Damoiselles à fournir es mains du recepveur les deniers qu'elles ont accoustumé fournir, à la concurrence et valeur de leur fiefz.

Et le vingtcinquiesme dudict mois d'octobre, ledict Seigneur de la Raignye s'est représenté en personne, a dict et remonstré que, ou temps de la première et seconde convocation, il estoit en cour et n'avoit peu comparoir; et soubz ceste considération auroit dict que lesdictz deffault et saisye contre luy octroyez ne doibvent tenir, mais nonobstant qu'il n'ayt comparu, comme il ne l'a faict pour retarder ou empescher le service du Roy, il doibt estre déclairé exempt, pource que le Roy l'a pourveu de l'estat et office de Président en sa court de Parlement à Dijon, de sorte que, comme les Présidents et Conseilliers dudict Parlement en ont tousjours esté déclairés exemptz, il doibt estre faict de mesme en son endroict.

A esté dict, veuz les privileges octroyez du Roy aux Courtz de Parlement et Chambres des comptes dont il a esté faict mention en l'article du Ser de Montmoyen, a esté tenu ledict Sr de Laraignye pour exempt, et quant à ladicte Jehanne Boisseau, fournira en deniers la somme de quatre livres tz.

Contribue en deniers. — GUY PETIT, pour sa seigneurye de Villiers sur Suize[1],

---

1. Il s'agit ici d'un fief relevant de la seigneurie de Corpoyer-la-Chapelle, comm. du cant. de Flavigny, laquelle a donné son nom à d'anciens seigneurs et depuis a été réunie à la châtellenie de Saumaise. Cet arrière-fief a appartenu au xvie siècle aux de Rudefer, d'Andresson et Coussin. — *Rec. Peincedé.*

2. Les terres allodiales étaient placées en dehors de la hiérarchie et des obligations féodales; on comprend dès lors que leurs possesseurs aient été exempts du service de l'arrière-ban; nous avons vu cependant une exception à cette règle dans une Ordonnance de Charles le Téméraire citée plus haut.

3. Lisez Bousseau.

4. Barjon, comm. du cant. de Grancey. Seigneurie relevant de Grancey. En 1235, Eudes de Bourgogne reconnaît qu'Eudes de Grancey a reçu en augmentation de fief tout ce qu'il tenait à Barjon; en 1367, les de Muzigny; en 1398, Huez de Bournonville à cause de Marguerite de Baleure, sa femme, tient la

forteresse, la ville et les dépendances en fief des hoirs et ayants cause de la seigneurie de Pesmes, et en arrière-fief des seigneurs de Grancey. En 1474, les de Lugny et Bousseau relevant du duc. Les de la Reynie (1558), de Lestouf de Pradines (id.), du Bois, Martin de Choisey, pour la partie relevant de Grancey (1616), Martin de Choisey et Lenet en 1666; depuis les Baillyat de Broindon et les Mairetet de Minot. *Rec. Peincedé.* Courtépée, p. 213.

1. Villiers-sur-Suize, comm. du cant. d'Arc-en-Barrois. Une partie de la seigneurie, relevant du roi, appartenait au grand-prieur de Champagne; l'autre relevait d'Arc. Parmi les seigneurs qui l'ont possédée, on voit, en 1366, les de Broces, Martin, de Juix, de Blaisy; les de Villiers, de Vauvillers, de Donnemarie à la fin du xive siècle, les de Bousseval (1473), Petit et de Senévoy (1598), Médard (1666). Le Roi de La Grange (178 — *Rec. Peincedé.* Courtépée, p. 295.

de valeur de revenu annuel par la déclaration en baillée, de cent à six vingtz livres.

Deffault a esté octroyé avec saisye de ladicte seigneurye de Villiers contre ledict
Petit saufz quinzaine.

Et comme il n'a comparu à ladicte quinzaine escheant le dixseptiesme dudict mois
d'octobre, a esté dict que lesdictz deffault
et saisye tiendront et nonobstant il sera
contrainct fournir deniers es mains du recepveur, ainsy qu'il a accoustumé de faire
du passé. — XXV ltz.

Contribue en deniers. — JEHAN DE MON-
TEREUL, Escuyer,

LES VESVE ET HÉRITIERS DE FEU EDME
DE MONTEREUL,

NICOLAS DANIERE,

ET JOSEPH DE LETRES, Escuyers, pour
leurs seigneuries de Latrecey, de revenu
annuel, par la déclaration en baillée, de
trante livres. •

Siredey a offert pour les susnomméz de
fayre qu'ilz contribueront en deniers.

A esté dict que deffault est à l'encontre
d'eulx octroyé avec saisye de leurs fiefz,
saufz quinzaine.

Et comme ilz n'ont comparu à ladicte
quinzaine escheant le dixseptiesme dudict
mois d'octobre, a esté dict que lesdictz deffault et saisye tiendront, et nonobstant ils
seront contrainctz de fournir deniers es
mains du recepveur, ainsy qu'ilz ont accoustumé de faire du passé. — VJ ltz.

Contribue en deniers. — LES HÉRITIERS
Mᵉ BERNARD JULYEN, à son vivant advocat
à Dijon, pource qu'il tient à Varrey.

Deffault et saisye contre eulx octroyés à
faulte de comparition en personne ou par
procureur, et contribuera en deniers selon
la valleur de son fiefz. — VJ ltz.

Contribue en deniers. — (LES ENFFANS
ET HÉRITIERS DE FEU [1]) Mᵉ EDME JULYEN,
docteur es droictz, Conseillier du Roy en sa
court de Parlement à Dijon, pour sa portion
de seigneurye de Varrey, de valleur de
vingt quatre à vingt cinq livres en revenu
annuel, par la déclaration en baillée.

Deffault et saisye contre luy octroyée, à
faulte de comparition en personne ou par
procureur, et contribuera en deniers selon
la valeur de son fiefz. — VJ ltz.

Contribue en deniers. — Mᵉ PHILIBERT
COTTIER, docteur es droictz, advocat en
Parlement à Dijon, pour ses seignoryes de
Mugnois et Grésigny, de valeur de revenu
annuel de quatre vingt livres, par la décla-
ration en baillée.

Deffault et saisye contre luy octroyé, à
faulte de comparition en personne ou par
procureur, et contribuera en deniers selon
la valeur de son fiefz. — XX ltz.

Contribue en deniers. — PIERRE DE
MAYANCE et ses consortz, héritiers de feu
Estienne Guercy de Chastelvillain, pour leur
fiefz de Créancey [1], de valeur de quatorze
livres, par la déclaration en baillée.

Ledict de Mayence en sa personne a remonstré qu'il est de la compaignye de Monseigneur le Duc d'Aumalle, couché en l'estat
et actuellement payé, pourquoy, en ce que
le touche, il doibt estre exempt et a remonstré quelques aliénations avoir esté faictes
dudict fiefz qui est de beaucoup diminué
au moyen d'icelles, et que luy et ses consortz
en doibvent estre deschargez à l'équi-
pollent et au prorata.

A esté dict qu'il baillera déclaration des
choses aliénées, fera apparoir par certification dehuement expedyée et aultrement,
comme il est de la compaignye de mondict
Seigneur le Duc d'Aumalle, deans quinze
jours, lesquelz passez et à faulte d'y avoir
sattisfaict, il contribuera en deniers pour
sa cotte part et portion dudict fiefz.

Et le semblable feront ses consortz, contre
lesquelz deffault est octroyé avec saisye de
leur fief à faulte de s'estre représentez en
personne ou par procureur.

Contribue en deniers. — ANNE DE CHA-
VANES, et ses consortz, héritiers de feu Gaspard de Torsi, pour leur fiefz de Billy [2],
assiz en ce bailliaige, de valeur de revenu
annuel de sept livres.

Deffault avec saisye de leur dict fief est
octroyé à l'encontre d'eulx et neantmoins

---

1. Les mots entre parenthèses ont été ajoutés.

1. Il s'agit ici du *fief de Senailly* qui relevait de la
baronnie de Créancey. (Voy. plus haut l'article de ce
village). Il y avait encore plusieurs arrière-fiefs relevant de Créancey, entre autres celui de Semoutier. En
1366, on trouve parmi les arrière-vassaux les de Se-
mostier, de Villers, de Juxey. — *Rec. Princerd.*

2. C'est toujours le même Billy que nous avons déjà
rencontré tant de fois et qui était partagé, comme nous
l'avons observé, en un grand nombre de seigneuries.

seront contrainctz à fournir deniers es mains du recepveur. — vij s. vj d. tz.

Contribue en deniers. — SYMON DE LA RUE, Seigneur d'Ormoy, pource qu'il tient en fiefz à Gravieres[1], de valeur de revenu annuel, par la déclaration en baillée, de quarante à cinquante solz.

Idem, deffault et saisye, et ordonnance de contribuer en deniers. — x stz.

Contribue en deniers. — LA VESVE DE JEHAN DE BREZEI[2], pource qu'elle tient en seigneurye à Quemigny, Quemignerot, Cosnes et Duesmes[3], à cause d'acquisition en faicte de Christophle de Rudefur.

Idem, deffault et saisye, et ordonnance de contribuer en deniers. — xvij ltz x stz.

Contribue en deniers. — JEHAN DE BRUSLARD et ses consortz, héritiers de feue Guillemette de Cavaillon, Damoiselle, pour leur seignorye d'Averlange, en valeur de revenu annuel, par la déclaration en baillée, de quarante à cinquante solz.

Ledict de Bruslard en sa personne a offert service personnel en luy baillant et fournissant deniers, pource que son fiefz ne peult porter qu'il face service personnel, ou bien il offre contribuer en deniers.

A quoy il a esté reçeu et quant à ses consortz, deffault, saisye et ordonnance de contribuer en deniers es mains du recepveur à ce commis, a esté ordonné. — xx ds.

1. Gravières, seigneurie relevant de Sainte-Colombe et en arrière-fief de Larrey, a appartenu aux Grancey (1363), d'Amoncourt et de Vienne (1408); de la Rue, pour partie, en 1568; depuis réunie au marquisat de Larrey. — *Rec. Peincedé.*
2. Lisez Brazey.
3. Duesme, comm. du cant. d'Aignay-le-Duc. Cette terre a donné son nom à d'anciens seigneurs (xiie et xiiie siècle); en 1300, le duc Robert II acquit d'Anceaux de Duesme les fonds qu'il possédait à Duesme, et de Jean de Duesme, chevalier, tout ce qu'il avait au château. Après avoir appartenu à titre d'apanage à deux des fils de Robert II, cette seigneurie fut réunie au domaine ducal, donnée par Eudes IV, en 1347, à sa sœur Blanche, qui était mariée au comte de Savoie, cédée à vie par Philippe le Bon, en 1442, à François de Menthon, bailli de la Montagne, puis successivement engagée aux de Dinteville (1511), de Vinnercat (1543), de Biragne (1572) Legrand, à Marguerite Noblet, veuve de Philippe Baillet, seigneur de Vaugrenant, capitaine de cinquante hommes d'armes, conseiller d'état (1595); ensuite aux Baillet de Vaugrenant (xviie siècle), Bichot-Morel de Corberon et de Duesme (1715), Guenichon (1757). Il s'agit simplement ici d'un démembrement de la seigneurie, ou plutôt d'un arrière-fief qui en relevait. — *Rec. Peincedé.* Courtépée, p. 218.

Contribue en deniers. — DAMOISELLE JEHANNE DE SENEVOYS, vesve de feu Edme le Garennier, tant pour elle que pour ses enffantz du corps dudict le Garennier, pour leur seigneurye de Villiers sur Suize, de valeur en revenu annuel, par la déclaration en baillée, de cent dix livres.

Deffault a esté octroyé à l'encontre de ladicte de Senevoys, avec saisye de sa seigneurye dudict Villiers es mains du Roy, et neantmoings ses enffantz et elle seront tenuz et contrainctz de fournir deniers es mains du recepveur, selon la valeur de leur fiefz. — xxij ltz.

Contribue en deniers. — DAMOISELLE ANNE COPPIN, vesve de feu Laurens Andresson, pource qu'elle tient en fiefz à Aisey le Duc, Bremur et Vaurroys, de valeur en revenu annuel de dix ltz.

Idem, deffault, saisye et ordonnance de fournir deniers es mains du recepveur à la concurrence et valeur dudict fiefz. — xL stz.

Contribue en deniers. — ANTHOINETTE ET CHARLOTTE DE St BEROIN, pource qu'elles tiennent en fiefz à Aprey, de valeur en revenu annuel, par la déclaration en baillée, de six livres.

Idem, deffault, saisye et ordonnance de fournir deniers es mains du recepveur, à la concurrence et valeur dudict fiefz. — xxiiij stz.

Ce faict, le procureur du Roy ce requérant, a esté enjoinct et ordonné aux sergentz de ce bailliaige de incessamment, toutes excuses cessans, vacquer et procéder aux saisyes de fiefz de nous cydevant ordonnées, à ce que les deniers dudict ban et arriereban, et conséquamment le service du Roy soyent retardées, à peine de suspension de leurs estatz et de l'amender arbitrairement.

Et sur ce que ledict procureur du Roy a remonstré que l'an passé semblable convocation du ban et arriereban d'icelluy bailliaige auroit esté faict, pour laquelle il auroyt esté enjoinct à ceulx qui contribuent en deniers, de les fournir et mectre es mains d'Humbert Loys dict Ferry, marchant dudict Chastillon, à quoy aulcungs desditz contribuables auroient satisfaict et les aultres non, encores que le Roy eust ordonné lesdictz deniers estre levez et mis es mains du thrésorier général en la charge de Bour-

goingne, a esté dict et ordonné que ceulx
qui ont deu contribuer en deniers et ne les
ont fournis et mis es mains dudict Humbert
Loys, seront contrainctz comme des propres
deniers et affaires du Roy, tant par saisye
de leurs fiefz qu'aultrement, à fournir lesdictz deniers es mains dudict Loys, lequel
avons aussi commis et commectons de l'advis
desdictz lieutenant, advocat et procureur du
Roy, pour recepvoir les deniers du présent
ban et arriereban, attendu qu'il ne s'est
présenté aulcung gentilhomme auquel la
charge eust peu ou deu estre commise.

Sur ce aussy que ledict procureur du Roy
a remonstré qu'il se treuve que plusieurs
de ceulx qui tiennent fiefz nobles au dedans
du ressort dudict bailliaige, n'ont baillé déclaration de la valeur de leur fiefz, ou, s'ilz
l'ont baillée, elle se treuve adhérée [1] et per-
due, a esté dict qu'ilz la représenteront ou la
coppie, synon la bailleront nouvelle, selon
la valeur de leur fiefz, dedans ung mois
après qu'il leur sera signiffié, es peines
portées es ordonnances du Roy au faict dudict ban et arriereban.

A esté aussi dict et ordonné que toutes
mutations des fiefz de main exempte à non
exempte, ou de non exempte à exempte, soyt
par contract, succession ou aultrement, seront
signiffiées au greffe dedans ung mois après
icelle mutation escheue, le tout suyvant lesdictes ordonnances et aux peines y contenues.

*(Suit une liste récapitulative de ceux
qui ont été exemptés, et de ceux qui ont été
imposés à contribuer en deniers. Total des
sommes à percevoir : 878 livres 17 sols 2 deniers, plus 70 livres imposées après la clô-
ture de la liste, sur le sieur d'Autricourt.)*

Les causes pour lesquelles les susnommez
sont imposez se treuvent au cayer dudict
arriereban, auquel soit recouru si besoing
sera, et quant au service personnel, aulcung
ne s'est présenté pour le faire, aussy les
fiefz ne se sont treuvez de la valeur portée
par les ordonnances du Roy, et si la pluspart
de ceulx qui contribuent en deniers sont
inhabilles et roturiers [2] ; faict, cloz et arresté

1. Règlement du 23 janvier 1554, art. 5 : « Ceux qui
n'ont baillé déclaration, ou desquels elle a esté adirée,
la présenteront ou la copie : autrement la bailleront
nouvelle, selon la valeur de leurs fiefs dont nostre procureur s'informera. »

2. Immédiatement après la convocation du ban et de
l'arrière-ban, le vassal devait se rendre *en personne,*

à Chastillon sur Seine, le vingt deuxiesme
novembre mil v⁰ soixante huict.

Le présent compte a esté mis es mains

avec armes et chevaux, ou à pied si son service le
comportait, à *l'ost* du suzerain ; tel était le principe ; il
suffit pour en comprendre le motif de se reporter à
l'origine du fief qui était la concession temporaire ou
viagère d'un domaine, à charge de service militaire.
Quand les fiefs furent devenus héréditaires, les femmes, les mineurs, les ecclésiastiques pour leurs biens
personnels ou pour les biens d'Église en général, les
gentilshommes incapables de porter les armes, se firent
représenter à l'armée par des gens à leurs gages qui
rendaient en leur lieu et place le service dont ils étaient
tenus. Nous avons déjà vu que l'Église avait obtenu
l'exemption du service personnel ou par représentation
pour ses biens collectifs, moyennant une somme fixée
dans les assemblées générales du clergé. De même depuis le xvi⁰ siècle *la contribution en deniers* était due :
1⁰ Par les inhabiles, c'est-à-dire les femmes, les mineurs, les ecclésiastiques pour leurs biens personnels.
Jusqu'aux derniers temps, les gentilshommes, non pas
inhabiles, mais incapables de porter les armes, durent
se faire représenter ; l'art. 3 du règlement du 30 juillet 1635 est ainsi conçu : « Les gentilshommes et autres
tenans fiefs qui ne seront en estat de porter les armes,
et de faire le service en personne, envoyeront en leurs
lieux et places, gens expérimentez et en l'équipage
qu'eux-mesmes sont tenus de fournir ; lesquels ils seront tenus de soldoyer durant le service dudict ban et
arrière-ban, et de leur aller et retour, à raison du service qu'ils doivent en égard à la valeur de leurs fiefs. »
— 2⁰ Par les possesseurs de rentes inféodées, pour
leur part et portion, avec les propriétaires des fiefs.
(Art. 3 de l'édit du 3 janvier 1543 ; 6 du règlement du
23 mai 1545, etc., etc.) — 3⁰ Par les roturiers. Les croi-
sades et l'extinction successive des anciennes races
féodales mirent entre les mains des roturiers un grand
nombre de fiefs dont les nouveaux possesseurs ne pou-
vaient pas s'acquitter envers leurs suzerains du service
militaire. Ce n'est pas à dire que les roturiers fussent
incapables de porter les armes : de tout temps ils ont
figuré dans nos armées ; les tenanciers et les sergents
des communes formaient au moyen âge la masse de
l'infanterie. Mais le roturier possesseur d'un fief noble
était incapable de le desservir par service compétent,
c'est-à-dire avec l'épée, la lance, l'écu et le haubert ; de
là une diminution dans la valeur du fief, ou, pour par-
ler la langue féodale, un *abrègement* de fief, qui entraînait comme conséquence l'obligation pour le vassal roturier de payer à son suzerain une certaine
somme d'argent en forme d'indemnité. Le droit de
franc-fief n'a pas d'autre origine. Par la suite on perdit
de vue le vrai motif de son établissement, et les roturiers possesseurs de fiefs furent contraints, outre le
paiement de ce droit, à contribuer en deniers lors de
chaque convocation du ban et de l'arrière-ban. Les diverses ordonnances du xvi⁰ siècle ont fixé la législa-
tion à cet égard. Telle était la règle générale ; elle a
subi des exceptions. Ainsi l'ord. de 1545 dispose que
les roturiers tenant fiefs qui voudront servir en personne, y seront reçus, pourvu qu'ils soient capables et
expérimentez aux armes ; voyez aussi l'art. 17 de l'édit
du 9 février 1547. Il ne paraît pas cependant que ces
dispositions aient reçu une requente application. Réci-

de Humbert Loys, marchand de ce lieu, le xij *de decembre mil* vᶜ lxviij, *pour re-*

cepvoir les deniers des nobles cy dessus nommés. REGNIER.

proqnement, à certaines époques, nos rois convertirent en un impôt le service des nobles eux-mêmes. Ainsi, en 1302, les nobles furent convoqués pour la guerre de Flandre; « ceux qui voulurent rester dans leurs foyers eurent la faculté de se racheter moyennant une somme dont le taux ne fut pas fixé, mais abandonné à l'arbitraire des commissaires royaux. » En 1303 disposition analogue; « mais cette mesure eut des conséquences inattendues : on manqua d'hommes, et le roi fut obligé de défendre de recevoir le prix du service militaire. » Boutaric, *la France sous Philippe le Bel*, p. 369 et 370. — 4° Par les possesseurs des fiefs dont le revenu était trop faible pour fournir aux frais du service compétent. La nature, le mode, la durée du service n'étaient pas les mêmes pour tous les fiefs; ainsi, tandis que les bannerets devaient amener avec eux vingt-cinq vassaux, tous bien armés et montés, et que les fiefs de *haubert* devaient être desservis par pleines armes : cheval, haubergeon, écu, épée et haume, avec quelques valets, le simple fief d'écuyer ne devait être desservi qu'avec un roussin, l'écu et la lance. La Roque, chap. V. Pour les fractions de fief, le service était limité quant à la durée, ou bien on réunissait plusieurs petits fiefs. Cet usage tire son origine d'un édit de Charles le Chauve, *Edicto Pistensi*, cap. 27 : « Comites vel missi nostri diligenter inquirant quanti homines liberi in singulis comitatibus maneant, qui per se possunt expeditionem facere, vel quanti de his quibus unus alium adjuvet, quanti etiam de his qui a duobus tertius adjuvetur vel præparetur, necnon de his qui a tribus quartus adjuvetur et præparetur..., ut expeditionem exercitalem facere possint. » — L'article 14 de l'édit du 9 février 1547 dispose que les fiefs de 5 à 600 livres de revenu feront un homme d'armes; de 3 à 400, un ar-

cher; en 1551, de 900 à 1000 l. un homme d'armes, de 450 à 500 un archer. En 1553, le fief de 450 à 500 l. devait faire un cheval léger; en 1635, de 900 à 1000 livres et *de plus plus et de moins moins,* en assemblant les fiefs des bailliages, *tant qu'ils fussent suffisants pour l'équipage et solde d'un cheval léger.* Les possesseurs de ces fiefs de moindre valeur étaient aussi admis à contribuer en deniers, comme il se voit dans notre procès-verbal de 1568 (voyez aussi lettres patentes du 21 juin 1553, art. I.), ou encore à servir en personne ou par procureur, auquel cas on leur donnait, pour compléter leur équipement, une certaine somme prise sur les deniers de la contribution. — Nous avons vu plus haut que les nobles non possesseurs de fiefs devaient aussi le service de l'arrière-ban; quand leurs facultés ne leur permettaient pas de s'équiper entièrement à leurs frais, on leur allouait une somme sur les deniers de la contribution. — Celle-ci était proportionnelle à la valeur du fief; en général, du cinquième du revenu. Dans le procès-verbal que nous publions, elle est le plus souvent du quart. Les deniers provenant de la contribution des roturiers, de ceux qui n'étaient pas en état de servir et de la saisie des fiefs étaient employés à la solde des officiers de l'arrière-ban et à l'entretien des remplaçants et de ceux qui servaient en personne, mais dont les fiefs étaient de trop mince valeur pour subvenir à l'équipement d'un chevau-léger. Ils étaient perçus dans chaque bailliage par un gentilhomme choisi parmi les gens de condition et qui pouvait se faire remplacer; les comptes en étaient rendus devant le bailli ou le sénéchal, appelés les avocat et procureur du roi, et en présence des contribuables, si ceux-ci le jugeaient à propos. Les deniers non employés étaient rendus aux contribuables au prorata de leur contribution.

FIN.

ERRATA

Page 7, colonne 2, note 1, ligne 16, *ajoutez* : Il existe aux *reprises de fiefs,* de semblables rôles pour les bailliages du Dijonnais (1474), de l'Auxois (1493), du Chalonnais (1473), et de La Montagne (1473).

— 10 — 2 — 0 — 10, *au lieu de* : au xviiᵉ siècle, *lisez* : aux xviᵉ et xviiᵉ siècles.

— 10 — 2 — 2 — 6, *au lieu de* : héritière, *lisez* : héritier.

— 11 — 1 — 1 — 12, *supprimez les mots* : anciennement aux Templiers.

— 11 — 1 — 1 — 17, *au lieu de* : Guastelier, *lisez* : Le Gastelier.

— 13 — 1 — 0 — 2, *après* de Brazey, *ajoutez* de Chissey ou de Gissey.

— 13 — 2 — 1 — 37, *au lieu de* : Montclery, *lisez* : de Montclery.

— 16 — 2 — 1 — 3, *au lieu de* : de Rochefort-Pluvant, *lisez* : de Rochefort-Pluvaut.

TABLE

DES NOMS DE SEIGNEURIES

Les chiffres arabes indiquent les pages; les chiffres romains, la colonne.

6

FIN DE LA TABLE DES NOMS DE SEIGNEURIES.

TABLE

DES NOMS DE FAMILLES

MASILLES (DE), 29, II.
MASSOL (DE), 33, II.
MAUVILLY (DE), 12, II.
MAYANCE (DE), 36, II.
MÉDARD, 35, II.
MÉEL (DE), 14, I.
MEIX (DU), 14, II; 15, I; 33, II.
MELISY (DE), 12, II.
MENÈBLE (DE), 20, I.
MENESTRIER, 34, II.
MENTHON (DE), 37, I.
MEOST, 19, I.
MESGRIGNY (DE), 7, I; 13, II.
MESSEY (DE), 13, I.
MICHAUT (DE), 33, I.
MIGNOT, MIGNOUL, MINOT (DE), 13, II; 31, II.
MILET, 11, II.
MIREBEL (DE), 29, I.
MOINE (LE), 20, I.
MONCRY, MONCRIF (DE), 28, I.
MONGEY (DE), 7, II.
MONS (DE), 16, II.
MONTARBY (DE), 18, II; 20, II; 21, I.
MONTBAR (DE), 25, II; 31, I.
MONTBÉLIARD (DE), 20, I.
MONTCLERY OU MONTCLERET (DE), 13, II; 33, II.
MONTDOIREY (DE), 20, I.
MONTEREUL (DE), 18, I, II; 20, II; 27, II; 30, II; 36, I.
MONTFAUCON (DE), 7, II; 10, I.
MONTIGNY (DE), 13, II; 17, II; 18, I; 22, I; 27, II.
MONTLÉON (DE), 17, II.
MONTMAIN (DE), 8, II.
MONTMARTIN (DE), 31, I.
MONTMORENCY (DE), 7, I, II; 11, I.
MONTMOYEN (DE), 17, II; 25, I; 33, II.
MONTOILLOT (DE), 28, I, II.
MONTOZ (DE), 12, II.
MONT-SAINT-JEAN (DE), 7, II; 10, I; 13, II; 14, II; 20, I.
MONTSAULNIN DE MONTAL (DE), 13, II.
MOREL DE CORBERON. Voyez Bichot-Morel.
MOREL DE VILLIERS, 24, I.
MOROT (DE), 18, I.
MORSTEIN (DE), 9, I.
MUSEY (DE), 15, II.
MUZIGNY (DE), 35, I.
MYPONT (DE), 11, II; 20, I; 24, I; 28, I.

NANGIS (DE), 24, II.
NANTEUIL (DE), 12, II.

NEELES, NESHÈLES (DE), 7, I; 15, II; 24, I.
NOBLET, 37, I.
NOGENT (DE), 17, I; 19, I, II; 32, I.
NOYERS (DE), 18, I.
NUIS (DE), 7, II; 28, II.

OCLE (D'), 13, II.
OCTRICOURT (D'). Voyez Autricourt (d').
ODAX (D'), ODAX, 17, II; 33, II.
ORGES (D'), 26, II; 27, I, II.
ORLÉANS (D'), 8, II; 12, II.
OSSEY (D'), 10, II.
OSTUN (D'), 12, II; 33, I; 34, I.

PARIS DE LA JAISSE, 19, I; 34, II.
PAUL, 8, II.
PERRIÈRE (DE LA), 11, I; 17, I; 20, I; 30, II.
PERRIN DE NEUILLY, 10, I.
PESTOT D'ESTAULES, 29, I.
PETIT, 35, II.
PIETREQUIN, 9, II.
PLAINE (DE), 30, II.
PLESSIS (DU), 16, II; 27, II.
POINSOT, 11, I; 12, II; 16, II; 17, I; 24, I; 27, I.
POINSOT D'ÉGUILLY. Voy. Poinsot.
POITIERS (DE), 28, I.
POLOYE (DE LA), 11, II.
POMMART (DE), 14, I.
PONTAILLIER (DE), 13, II; 14, I; 17, II; 21, I; 31, II; 33, II.
PONTAILLIER-TALMAY (DE). Voyez Pontaillier (de).
PORCHEROT, 12, II; 29, II; 31, II; 34, II.
PORTE (DE LA), 31, I.
POT, 11, I; 17, I; 21, II.
POUFFIER, 18, I.
PRANGEY (DE), 9, II.
PRUNAY (DE), 12, II.

QUARRIÈRES (DE), 29, I.
QUEMIGNY (DE), 28, I.
QUINCEY (DE), 17, II; 31, II.

RABUTIN (DE), 11, II.
RAFFAI (DE), 12, II; 25, I, II; 26, I; 29, I.
RAMBERT (DE), 13, I, II.
RAPHAI (DE). Voyez Raffai (de).
RAY (DE), 15, II; 24, II; 30, II.
RECEY (DE), 11, II; 15, II; 20, I.
REFFAY (DE). Voyez Raffai (de).
REGNIER, 11, II; 18, II; 19, I; 24, I; 25, I; 32, II; 33, I, II; 34, I.

REGNIER DE ROMPREY. Voyez Regnier.
REMOND, 12, I; 13, II; 17, II; 19, I; 21, II; 32, II; 33, I.
REMOND (DE). Voyez Remond.
REMOND DE MONTMORT. Voyez Remond.
RENCOURT (DE), 24, II.
REVEL (DE), 12, II.
REYNIE (DE LA), 35, I, II.
ROCHEBARON (DE), 10, I, II.
ROCHECHOUART (DE), 21, II.
ROCHEFORT (DE), 11, II; 14, I; 15, I; 16, II; 18, I; 19, I; 21, I; 32, II; 33, I, II.
ROCHEFORT-PLUVAUT (DE). Voyez Rochefort (de).
ROCHELLE (DE LA), 15, II; 17, II; 33, II.
ROCHETAILLÉE (DE), 10, I; 18, I; 27, I; 28, I.
ROI DE LA GRANGE (LE), 35, II.
ROIFFEY (DE). Voyez Raffai (de).
ROLIN, 7, I; 28, I; 33, I; 34, I.
ROMPREY (DE), 12, II.
RONCHAUT (DE), 12, II.
ROUCELINE DE MOLESME, 33, I.
ROUELLES (DE), 22, II.
ROUSSILLON (DE), 10, I, II.
ROUTY, 13, II.
ROY (DE), 10, I.
RUCHOT, 28, I.
RUDEFER, RUDEFUR (DE), 28, I; 35, I; 37, I.
RUE (DE LA), 37, I.
RUFFEY (DE), 27, II.
RUPT (DE), 15, I.

SAFFRES (DE), 13, II; 17, I; 33, II.
SAIGNAY, SAIGNY (DE), 11, I; 12, II; 15, II; 27, II; 33, I, II.
SAINT-ANTOST (DE), 12, II.
SAINT-BELIN-MALAIN (DE), 24, I.
SAINT-BEROING (DE), 22, II; 37, II.
SAINT-JULIEN (DE), 31, I.
SAINT-LÉGER (DE), 17, I.
SAINT-MESME (DE), 28, I.
SAINT-PHAL (DE), 25, II.
SAINT-REMI (DE), 33, II.
SAINT-SEINE (DE), 10, I, II.
SAINTE-SABINE (DE), 27, I.
SANVIGNE (DE), 12, II.
SARCEY (DE), 11, II.
SARCUS (DE), 11, II.
SARRA (DE LA), 18, I.
SAULX (DE), 8, II; 9, II; 10, I; 21, I; 22, II; 28, II; 30, II.
SAVOIE (DE), 6, II; 37, I.

FIN DE LA TABLE DES NOMS DE FAMILLES.

www.ingramcontent.com/pod-product-compliance
Lightning Source LLC
Chambersburg PA
CBHW061658180626

46818CB00003B/1148